denise antonucci
angélica benatti alvim
silvana zioni
volia costa kato

UN-Habitat: das declarações aos compromissos

rgBOLSO 7

UN-Habitat: das declarações aos compromissos DENISE ANTONUCCI, ANGÉLICA BENATTI ALVIM, SILVANA ZIONI E VOLIA COSTA KATO
Preparação e revisão final de texto REGINA STOCKLEN
Projeto gráfico da coleção e diagramação ESTAÇÃO
Desenhos da capa LUCIA KOCH
Gráfica PANCROM
Coordenação editorial ABILIO GUERRA E SILVANA ROMANO SANTOS
Pesquisa original 30 ANOS DE HABITAT E AS TRANSFORMAÇÕES DA URBANIZAÇÃO. FOMENTO MACKPESQUISA. SÃO PAULO, FAU MACKENZIE, 2007-2008.

apoio cultural

SOLVAY INDUPA

senac
são paulo

denise antonucci
angélica benatti alvim
silvana zioni
volia costa kato

UN-Habitat: das declarações aos compromissos

rgBOLSO **7**

A reprodução ou duplicação integral ou parcial desta obra sem autorização expressa do autor e dos editores se configura como apropriação indevida dos direitos intelectuais e patrimoniais do autor.
© Denise Antonucci, Angélica Benatti Alvim, Silvana Zioni e Volia Costa Kato
Direitos para esta edição
Romano Guerra Editora
Rua General Jardim 645 conj 31 Vila Buarque 01223-011 São Paulo SP Brasil
tel: (11) 3255.9535 | 3255.9560
rg@romanoguerra.com.br www.romanoguerra.com.br
Printed in Brazil 2010 Foi feito o depósito legal

U54   UN-Habitat: das declarações aos compromissos / Denise Antonucci, Angélica Benatti Alvim, Silvana Zioni e Volia Costa Kato -- São Paulo : Romano Guerra, 2010.
160 p. (Coleção RG bolso ; 7)

ISBN: 978-85-88585-21-8 (Coleção)
ISBN: 978-85-88585-28-7 (volume 7)

1. Assentamentos humanos 2. Assentamento urbano 3. UN-Habitat I.Antonucci, Denise II. Alvim, Angélica A. Tanus Benatti III. Zioni, Silvana IV. Kato, Volia Regina Costa V. Título VI. Série

21ª. CDD - 711.063

Serviço de Biblioteca e Informação da Faculdade de Arquitetura e Urbanismo da USP

Aos nossos alunos
Para cidades justas e sustentáveis

introdução 11

capítulo 1 A ONU e a constituição do UN-Habitat **15**
    1. Origens do programa UN-Habitat **22**

capítulo 2 Conferências das Nações Unidas sobre
Assentamentos Humanos – UN-Habitat **29**
    1. Habitat I – Vancouver, 1976 **30**
        Declaração de Vancouver sobre Assentamentos
        Humanos **31**
        Plano de Ação Global de Vancouver 1976 **37**
        Críticas e desdobramentos **41**
    2. Habitat II – Istambul, 1996 **45**
        Declaração de Istambul sobre Assentamentos
        Humanos – Habitat II **51**
        A Agenda Habitat **53**
        Princípios e objetivos da Agenda Habitat **55**
        Compromissos da Agenda Habitat **57**
        Plano de Ação Global da Agenda Habitat **68**
        Ecos da Conferência Habitat II, a Cúpula das Cidades **70**

capítulo 3 Metas de Desenvolvimento do Milênio e o
UN-Habitat: construindo convergências de combate
à pobreza **75**
    1. Arena de atuações pós-Habitat II **76**
    2. Como construir os compromissos **83**
        Meta 7, Alvo 11: *Cities without Slums* **85**

3. UN-Habitat: escopo de atuação e perspectivas **90**
   Análises **90**
   Campanhas de mobilização **91**
   Atividades operacionais **92**
   Monitoramento **92**

capítulo 4 Fóruns Urbanos Mundiais: ações em processo **95**
   1. Fórum Urbano Mundial. 1ª Sessão: "Transição para um mundo urbano", Nairóbi, 2002 **96**
      Diálogos temáticos **97**
      Diálogos sobre urbanização sustentável **103**
   2. Fórum Urbano Mundial. 2ª Sessão: "Cidades: um lugar de culturas, inclusão ou integração", Barcelona, 2004 **105**
      Diálogos entre parceiros **109**
      Diálogos temáticos **117**
   3. Fórum Urbano Mundial. 3ª Sessão: "Nosso futuro: cidades sustentáveis – transformando ideias em ação", Vancouver, 2006 **124**
      Diálogos temáticos **129**
      Mesas-redondas – governantes e parceiros **133**

conclusões 137
notas / bibliografia 147

introdução

Nos últimos duzentos anos, a população urbana mundial aumentou de 5% para mais de 50%, ultrapassando, pela primeira vez, em 2007, a população rural. Para 2030, as estimativas da ONU apontam que mais de dois terços da população mundial residirão no meio urbano. Esse processo reflete as diversas alterações do modo de vida da sociedade contemporânea que ocorrem principalmente a partir do desenvolvimento industrial e tecnológico exponencial que tem o ponto estratégico deste cenário nos centros urbanos.

Nesse contexto foram realizadas reuniões enfocando problemas mundiais emergentes, destacando-se as Conferências das Nações Unidas sobre Assentamentos Humanos, ocorridas em 1976 e 1996, que deram origem ao programa UN-Habitat e aos Fóruns Urbanos Mundiais realizados desde os anos 2000 bianualmente.

As conferências e fóruns realizados pelo UN-Habitat vêm desde sua primeira edição em 1976, o Habitat I, refletindo mudanças de enfoque sobre a questão urbana, seja nos limites dos Estados-nação ou nos da própria Organização das Nações Unidas – ONU. Esta forma cambiante de atuação, cujo foco paulatinamente se desloca do papel articulador dos Estados – ante o reconhecimento da precariedade dos assentamentos humanos – para a ênfase na gestão urbana e nos processos de participação e inclusão social, expressa não só o reconhecimento da proeminência estratégica que as cidades passam a assumir no âmbito da economia mundial, ao lado das redefinições do próprio papel do Estado, mas também uma perplexidade em relação ao crescimento exponencial da pobreza e dos problemas urbanos, sobretudo nos países em desenvolvimento.

Independentemente da eficácia das respostas dos programas propostos, as Conferências do UN-Habitat – Vancouver (1976) e Istambul (1996) – e os Fóruns Urbanos Mundiais formam um panorama, onde o processo da urbanização mundial pode ser localizado. Ao mesmo tempo, se abrem indagações sobre o enfoque de velhos problemas urbanos, assim como os limites da mediação institucional sobre os processos econômicos e sociais. Ao longo de mais de trinta anos, as transformações nas formas de entendimento e no enfrentamento de recorrentes questões urbanas na instância supranacional se expressam no percurso de constituição e atuação do UN-Habitat.

Este livro busca traçar o percurso do UN-Habitat, na perspectiva dos objetivos originais da ONU e seus possíveis reflexos na solução dos problemas causados pela crescente urbanização mundial. Por meio de leitura sistematizada dos documentos oficiais da ONU e outros complementares ao entendimento da vinculação das Conferências e Fóruns do UN-Habitat às questões que envolvem o meio urbano, foi possível estabelecer um entendimento da transformação do percurso destes eventos em seus últimos trinta anos.

Esta análise está estruturada em cinco capítulos.

O primeiro capítulo trata da criação da ONU, do surgimento das questões vinculadas aos assentamentos humanos, da formulação do problema da moradia como um direito do cidadão e da constituição da Agência. O Programa das Nações Unidas para Assentamentos Humanos (United Nations Human Settlements Programme – UN-Habitat) em sua origem reflete totalmente os princípios contidos na Carta de constituição da própria Organização das Nações Unidas – ONU, onde o Programa está sediado. Verificamos a dificuldade de a questão urbana ser admitida e formulada como um problema emergencial no contexto da ONU.

O segundo capítulo sintetiza as duas Conferências das Nações Unidas sobre Assentamentos Humanos – a Conferência de Vancouver de 1976 e a Conferência de Istambul, realizada vinte anos mais tarde, em 1996. Tais eventos inserem-se em um contexto de conferências internacionais cujo foco eram os problemas mundiais emergentes, reflexos da intensa migração rural-urbana da década de 1970 e dos desequilíbrios intraurbanos que se intensificam a partir do final da década de 1980 em todos os centros urbanos mundiais.

A Declaração do Milênio é objeto do terceiro capítulo. Aprovada pela Assembleia Geral das Nações Unidas em 2000, onde são elencadas as Metas de Desenvolvimento do Milênio , representa um marco para a consolidação progressiva do reconhecimento da relevância da questão urbana no contexto mundial, estabelecendo pontos de convergência na atuação do UN-Habitat.

No quarto capítulo apresenta-se a estratégia encontrada pelo UN-Habitat para tratar o agravamento dos problemas urbanos no contexto da economia globalizada: o Fórum Urbano Mundial. Institucionalizado por determinação da Assembleia

Geral das Nações Unidas com o objetivo de estabelecer suportes de aconselhamento à Diretoria Executiva do UN-Habitat, este novo caráter das reuniões possibilita organização mais ágil, segura, facultando a abordagem de temas, tanto abrangentes quanto particularizados das questões urbanas, a cada dois anos.

Por fim, apresentamos nossas conclusões, recuperando as considerações parciais apresentadas nos capítulos precedentes, ressaltando a importância estratégica da cidade como espaço privilegiado do ponto de vista econômico, fazendo com que ganhe maior significado a mundialização e generalização das questões locais e o caráter também local das intervenções. Passa-se, em mais de trinta anos de Habitat, da resolução da produção de abrigos para a definição de limites da economia informal e inclusão social.

A base das reflexões expostas neste livro foi suscitada por pesquisa desenvolvida no âmbito da universidade: *30 anos de Habitat e as transformações da urbanização*[1], desenvolvida na Faculdade de Arquitetura e Urbanismo da Universidade Presbiteriana Mackenzie, com subvenção do Fundo Mackenzie de Pesquisa – Mackpesquisa, entre fevereiro de 2007 e janeiro de 2008.

Agradecemos aos entrevistados Marlene Fernandes e Jorge Wilheim pelo fornecimento de importantes informações não contidas na bibliografia pesquisada e, especialmente, à Profa. Dra. Nadia Somekh, pelo mote da pesquisa; ao Mackpesquisa por nos conceder auxílio financeiro e apoio administrativo para o desenvolvimento da pesquisa.

capítulo 1
A ONU E A CONSTITUIÇÃO DO UN-HABITAT

Em sua origem, o Programa das Nações Unidas para Assentamentos Humanos – UN-Habitat – reflete totalmente os princípios contidos na Carta de constituição da própria Organização das Nações Unidas – ONU, onde o programa está sediado. Originalmente as questões sobre assentamentos humanos não apareciam explicitamente nas preocupações da ONU, mas poderiam ser enquadradas nos objetivos que visavam o progresso econômico-social e promoviam o respeito aos direitos humanos e aos princípios de justiça – enfim, nos que diziam respeito às melhorias das condições de vida das populações.

Há mais de sessenta anos a ONU é o único fórum entre nações visando um mundo mais seguro e a coexistência pacífica entre povos, da qual hoje participam 192 estados-membros, garantindo sua autoridade e legitimidade. Ela pode ser vista como sucessora da Liga das Nações (ou Sociedade das Nações), mesmo que a última reunião desta tenha ocorrido em abril de 1946, quando a ONU já estava estabelecida. A Liga das Nações – que marcou uma etapa inicial decisiva para a organização mundial – foi idealizada em Versalhes, subúrbios de Paris, em janeiro de 1919, onde as potências vencedoras da Primeira Guerra Mundial se reuniram para impor um acordo de paz à derrotada Alemanha – o Tratado de Versalhes[1].

A ONU foi criada oficialmente em 24 de outubro de 1945, tendo como grande objetivo retirar o tema da paz do domínio teórico para colocá-lo no centro das preocupações governamentais. Congregando inicialmente 51 países, o foco principal da entidade era a instauração de uma nova ordem mundial no segundo pós-guerra, baseando-se em normas do direito internacional, onde o uso da força estivesse restrito à deliberação expressa da organização.

A expressão "Nações Unidas", cunhada pelo presidente norte-americano Franklin Delano Roosevelt (1882-1945), foi utilizada pela primeira vez na "Declaração das Nações Unidas", em 1º de janeiro de 1942, durante a Segunda Guerra Mundial, quando representantes de 26 nações anunciaram a intenção de continuar lutando contra os países do Eixo (Alemanha, Japão e Itália). Dois anos depois, líderes da China, União Soviética, Reino Unido e Estados Unidos esboçaram uma proposta de estatuto para uma organização internacional de países[2].

A ONU foi definida pela *Carta das Nações Unidas*[3] como associação de Estados reunidos com propósitos de manter a paz e a segurança internacionais, de desenvolver relações amistosas entre as nações, baseadas no princípio de igualdade de direitos e de autodeterminação dos povos, de conseguir cooperação internacional para resolver problemas internacionais de caráter econômico, social, cultural ou humanitário, e para promover e estimular o respeito aos direitos humanos e às liberdades fundamentais para todos e ser centro destinado a harmonizar a ação das nações para a consecução desses objetivos. Para facilitar o exercício das funções da organização, o documento reconhece sua capacidade em firmar tratados, a extraterritorialidade de sua sede e a imunidade de seus funcionários[4].

A organização constitui-se de seis órgãos principais: a Assembleia Geral; o Conselho de Segurança; o Conselho Econômico e Social; o Conselho de Tutela; a Corte Internacional de Justiça; e o Secretariado. A indicação do secretário-geral, dos membros de comissão e outros organismos, em geral, visa equilibrar a representação dos diversos continentes. Possui também personalidade jurídica internacional, assim como outras organizações internacionais e regionais especializadas vinculadas.

A ONU é resultado da fusão de duas vertentes do pensamento político: a tradição realista de política de poder – a chamada *real politik* – e a corrente idealista – fundamentada no direito internacional de tradição kantiana, que aponta para um futuro governo mundial unificado. A força deste organismo internacional está na fusão que se expressa no Conselho de Segurança e suas regras – em particular na regra do veto[5].

Na ocasião de sua instituição, o papel de veto foi muito importante para que a ONU não se inviabilizasse, uma vez que havia interesses vitais das superpotências em jogo, particularmente dos Estados Unidos da América e da União Soviética. Ao utilizar o instrumento do veto, estes países evitavam interferência da ONU em seu jogo político[6]. Assim, esse instrumento ao mesmo tempo em que limitava a instituição, evitava sua destruição, mantendo-a intacta em meio ao conflito. A entidade tornou-se útil para resolver questões não vitais para as superpotências – os chamados problemas periféricos –, e mantendo um canal de negociações em eventuais crises que envolvessem problemas vitais. A ONU, mesmo com seus poderes de ação e interferência limitados, continuou existindo, propiciando o diálogo e a negociação, e mantendo um espaço onde a conversa não havia sido abolida – algo crucial ante o risco de guerra nuclear[7].

Neste contexto, as ações da ONU, coincidentes com o período da Guerra Fria, refletiram muito mais sua real capacidade de intervenção após a erupção de conflitos ao redor do mundo do que uma competência em evitar que tais choques ocorressem[8].

Com o fim da Guerra Fria, a partir do início da década de 1990, a natureza, a função e o papel da ONU no sistema internacional começaram a ser questionados por uma rede de países "menores". Essa nova realidade limitou os poderes das grandes potências e criou uma dificuldade para que os EUA continuassem a agir livremente no mundo. De acordo com Demétrio Magnoli, o Conselho de Segurança é o lugar onde potências menores podem bloquear a ação dos EUA[9].

Em seus quarenta anos de existência, a ONU passou por momentos de contradições fundamentais que estão entre a soberania nacional de alguns países e uma organização internacional efetiva que busca a "igualdade prometida a seus membros e a desigualdade caracterizada pelo poder de veto no Conselho de Segurança"[10].

Entre as décadas de 1960 e 1980, após o processo de descolonização dos países africanos, diversos novos países aderiram à ONU. Tal fato em nada contribuiu para aumentar a eficiência da organização, pois muitos deles já nasceram envolvidos em conflitos causados pela indefinição de suas fronteiras, divisões étnicas conflitantes e má distribuição de recursos naturais e econômicos em seus territórios[11].

Constata-se, portanto, a incompatibilidade entre a *Carta das Nações Unidas* e a prática da organização, revelando-se a distância entre o que foi formalmente estipulado e o que ocorre de fato, situação que fica mais candente a partir da última década do século 20[12].

A ação contra o Iraque pelos EUA em 2003 – baseada na nova doutrina de segurança nacional – e a intervenção em Kosovo pela Otan, no final da década de 1990, foram realizadas sem a sanção do Conselho de Segurança da ONU, o que se constitui uma violação de sua Carta. Nesse episódio, a recusa do Conselho de Segurança em apoiar a ação norte-americana – e a consequente formação de uma convergência de vontades – esvaziou a legitimidade da ação norte-americana, mas teve também o efeito contrário de minar ainda mais a posição de uma organização já marcada pela fadiga, falta de credibilidade e fragilidade orçamentária[13].

Por outro lado, deve-se reconhecer que a ONU, por meio de suas forças de paz – os capacetes azuis –, tem atuado na manutenção de tréguas, ainda que frágeis, e separação dos beligerantes. Assim, além de lidar com os conflitos antigos – Caxemira, as duas Coreias etc. –, a resolução de questões humanitárias e confrontos étnicos tornou-se constante na atuação da organização desde 1990, visando evitar catástrofes ainda maiores.

Nesse campo, os serviços humanitários em nações pouco desenvolvidas foram fortemente influenciados pela diplomacia *onusiana* – assistência humanitária, uso e aplicação de missões de paz e programas de desenvolvimento econômico, social e educacional – e adquiriram formas de direito e de justiça internacionais ao contemplar novas ameaças à paz e à segurança internacionais.

No entanto, a manutenção da mesma estrutura e funcionamento desde 1945 em face das crescentes e intensas mudanças no cenário mundial tornou sua atuação pela manutenção da paz extremamente frágil.

Recentemente ocorreu uma série de debates relativos à necessidade e conveniência de reforma e revisão da organização. O início do século 21, marcado pela insegurança, foi alvo de relatório de grupo de personalidades de alto nível, reunido por Kofi Annan, que destacou diversas mazelas do mundo: guerra entre Estados e no interior de Estados – guerras civis, violação dos direitos humanos, genocídios –, pobreza, doenças infecciosas, mudanças climáticas, proliferação de armas nucleares, químicas e biológicas, terrorismo e crime organizado internacional[14].

Cada vez mais, novas relações entre segurança e desenvolvimento são pensadas, tendo como premissa as causas sociais, econômicas e ambientais geradoras de instabilidade. A introdução do tema segurança humana – dar maior poder ao povo – foi um grande passo diante da nova onda de crises – ataques terroristas, violência étnica, violações de direitos humanos, exclusão social –, impulsionando a discussão sobre as responsabilidades globais em um mundo cada vez mais inter-relacionado.

Dentro deste contexto, insere-se o percurso do programa UN-Habitat e das principais conferências e eventos realizados pela ONU desde o início dos anos 1970 em prol de questões eminentemente ligadas às temáticas que envolvem os problemas emergentes dos diversos países do mundo.

Entre o princípio dos anos 1970, período que marca o início das conferências temáticas – meio ambiente, assentamentos humanos etc. –, e os anos 2000, as alterações de formato destes eventos refletem, de certo modo, as próprias alterações da estratégia geral da ONU diante de questões colocadas pela nova ordem mundial. Concebidos inicialmente com uma periodicidade de vinte anos, hoje tais eventos exigem um caráter mais ágil e dinâmico, pois abrangem temas emergentes que se transformam tão rapidamente quanto o próprio cenário mundial.

No âmbito da ONU, o UN-Habitat – originalmente denominado United Nations Conference on Human Settlements e conhecido pela sigla UNCHS – está subordinado ao Conselho Econômico e Social – ECOSOC. Segundo Jorge Wilheim, têm assento nesse Conselho, em rodízio, 54 países, que se distribuem em dois grupos de organizações: as agências executivas e programas; e as organizações intergovernamentais especializadas associadas[15]. O UN-Habitat está vinculado ao primeiro grupo, ao lado do PNUD (desenvolvimento), PNUMA (meio ambiente), PNU (alimentos), os fundos para população, mulheres, crianças etc.

No início dos anos 1970, estabeleceu-se que as conferências temáticas – sobre meio ambiente, assentamentos humanos etc. – deveriam ocorrer a cada vinte anos. A Assembleia Geral "solicitava que um país se oferecesse para hospedá-la, o que por um lado daria visibilidade ao país, mas por outro implicaria receber e dar segurança aos aproximadamente 10 mil visitantes, em especial aos embaixadores dos inúmeros países-membros da ONU, implicando custos da ordem de 30 milhões de dólares"[16].

A dificuldade em realizar conferências tão grandes, além de excessivamente dispendiosas, e a periodicidade larga incompatível com a multiplicação dos temas a ser abordados nos debates – fenômeno decorrente da crescente urbanização mundial, em especial o aumento vertiginoso das metrópoles e consequente agravamento dos problemas urbanos – obrigaram a ONU a ampliar o número e a fragmentar as temáticas dos fóruns. Nesse contexto, insere-se particularmente o Fórum Urbano Mundial, que vem discutindo as questões do UN-Habitat a cada dois anos desde 2000: Nairóbi, 2002; Barcelona, 2004; Vancouver, 2006; Nanquim, 2008; e Rio de Janeiro, 2010.

1. Origens do programa UN-Habitat

As primeiras ações no âmbito da ONU, consideradas humanitárias, iniciaram-se como consequência da Segunda Guerra Mundial, quando se distribuíram cobertores aos sobreviventes europeus que viviam em ruínas durante o inverno rigoroso. Isso se deu, segundo Peter Oberlander, em função de iniciativas de Ernest Weissmann e Ben Reiner, dois jovens iugoslavos que trabalhavam no programa UN Relief and Rehabilitation Administration – UNRRA, originando o então denominado UN Shelter Program. No início da década de 1950, Weissmann, transferido para a sede da ONU em Nova York, começou o Housing Program no Departamento de Assuntos Econômicos e Sociais (Department of Economic and Social Affairs), fundando logo em seguida o UN-Housing, Building and Planning. Estas ações e programas mais tarde dariam origem à United Nations Commission on

Human Settlements – UNCHS, uma agência específica para tratar dos assentamentos humanos[17].

No final dos anos 1960, a degradação ambiental e o exponencial crescimento da população urbana tornaram-se objeto de discussões internacionais. Data de 1969 o primeiro encontro da organização informal Clube de Roma, que se autodenominou "colégio invisível", reunido na Accademia dei Lincei, na capital italiana, evento que congregou um grupo de cientistas, educadores, economistas e funcionários públicos. Representando dez países, os participantes foram instigados pelo industrial italiano Aurélio Peccei a discutir os dilemas presentes gerados pelo crescimento exponencial da população. O Clube desenvolveu o Projeto sobre o Dilema da Humanidade, com o objetivo de examinar problemas inter-relacionados comuns a todas as sociedades: desequilíbrio entre pobreza e abundância, deterioração do meio ambiente, desconfiança em relação às instituições, expansão urbana descontrolada, insegurança no emprego, alienação da juventude, rejeição aos valores tradicionais, inflação e outros problemas econômicos. Dirigido por Dennis Meadows e financiado pela Volkswagen Foundation, o início do Projeto concretizou-se em meados dos anos 1970, com eventos simultâneos ocorridos em Berna, Suíça, e Cambridge, Massachusetts (MIT). Seus resultados foram consolidados no livro *The Limits to Growth*, de 1972, publicado no ano seguinte no Brasil[18].

As preocupações do Clube de Roma também foram expressas, de modo similar, pelo birmanês Maha Thray Sithu U Thant, terceiro secretário-geral da ONU (1961 a 1971), que demonstrava seu temor pelo aumento desproporcional dos problemas mundiais, principalmente pela degradação ambiental e pelo aumento da pobreza. Seu sucessor, Kurt Waldheim, tentou exercer o papel de mediador entre os interesses das grandes potências e os do Terceiro Mundo, inaugurando e participando de uma série de conferências internacionais da ONU a ser realizadas a cada vinte anos. Nesse contexto foram realizadas várias reuniões cujos focos eram os problemas mundiais emergentes.

Data de 1972 a realização da I Conferência das Nações Unidas sobre o Meio Ambiente (United Nations Conference on the Human Environment), organizada pela ONU em Estocolmo. Oberlander enfatiza que, antes de Estocolmo, ainda no final de 1969, a Assembleia Geral das Nações Unidas já demonstrava preocupação com a situação mundial deplorável da moradia, "tornando os assentamentos humanos prioridade no 25° aniversário das Nações Unidas, por meio da instituição do Conselho Econômico e Social (ECOSOC) e do Centro para Habitação, Construção e Planejamento (CHBP). Ainda nessa ocasião, a ONU foi incitada a aceitar o convite do Canadá para realizar uma Assembleia Geral em Vancouver em 1976"[19].

A Conferência das Nações Unidas sobre o Meio Ambiente realizada em Estocolmo é considerada precursora das grandes conferências das Nações Unidas e tem grande importância para as demais. O seu secretário-geral, o canadense Maurice Strong, teve participação fundamental, tornando-se, consequentemente, o primeiro diretor executivo do Programa das Nações Unidas para o Meio Ambiente (UNEP), definindo um momento fundamental para a política nacional do Canadá na agenda internacional[20].

Neste evento ocorreu uma mudança conceitual, quando os problemas de degradação mundial do meio ambiente foram relacionados não somente à crescente urbanização, como havia sido enfatizado pelo Clube de Roma, mas também aos impactos dos assentamentos humanos.

A Conferência das Nações Unidas sobre Assentamentos Humanos (United Nations Conference on Human Settlements), que se popularizou com o nome Habitat I – ocorreu em Vancouver, de maio a junho de 1976, reunindo diversos chefes de Estado. Paralelamente, ocorre também o Fórum Habitat, reunindo um conjunto de representantes da sociedade civil, na forma de organizações não governamentais. Ambas as reuniões debateram as causas e as consequências da urbanização que ocorria no mundo, enfocando principalmente os assentamentos e as ocupações precárias, onde prevalecia a falta de acesso aos bens fundamentais à vida digna – terra, água potável, saneamento básico, infraestrutura urbana e emprego. Concluiu-se que as ações necessárias à reversão desse processo incluiriam parcerias fortes entre todas as instâncias de governo, ONGs e setor privado, cabendo a estes últimos um comprometimento enérgico junto às agências das Nações Unidas[21].

As discussões promovidas pelo Habitat I sofreram influência do contexto cultural da época, em especial dos eventos relacionados ao meio ambiente ocorridos durante a década de 1970. Os ambientalistas da época promoviam uma "agenda verde", que denunciava a urbanização descontrolada e promovia um ideal de vida rural, visão que inculpava a atividade humana pela maior parte dos danos ambientais causados no mundo, surgindo como única saída restringir essas atividades para salvar o meio ambiente[22].

Uma das importantes resoluções da conferência foi a decisão de criar uma Comissão sobre Assentamentos Humanos (CHS) e o Centro das Nações Unidas sobre Assentamentos Humanos (United Nations Centre on Human Settlements – UNCHS), que inicialmente seriam implementados na Universidade British Columbia em Vancouver, no Canadá, denominado University of British Columbia Centre for Human Settlements UBC-CHS). No entanto, como a ideia era estimular de modo articulado a cooperação e coordenação entre os assentamentos humanos e o meio ambiente no âmbito das Nações Unidas, em 1978 a sede do UNCHS foi deslocada para Nairóbi, Quênia, onde estava localizada a sede da UNEP[23].

De acordo com Jorge Wilheim[24], a primeira conferência priorizou os problemas decorrentes da intensa urbanização nos então países denominados subdesenvolvidos, principalmente nos países africanos, uma vez que a urbanização da América Latina já se encontrava em fase de consolidação, apesar dos crescentes problemas de suas metrópoles. Segundo ele, com o fim do colonialismo na década de 1960, a África surgia como um problema das Nações Unidas e não mais dos países colonizadores. A escolha de Nairóbi, Quênia, para sediar dois importantes programas das Nações Unidas – meio ambiente e assentamentos humanos – fez parte de uma estratégia de descentralização e escolha de uma cidade com fácil acesso, estabilidade e, principalmente, aprovada pelos EUA, uma vez que proporcionavam 25% da receita das Nações Unidas.

Silvia Bacelar Carmo enfatiza que o principal objetivo do UNCHS era manter uma discussão permanente sobre os assuntos relacionados a assentamentos humanos, assessorando e financiando projetos habitacionais ligados ao setor urbano[25], mas que – como apontam Edésio Fernandes, Marlene Fuentes e John Sewell – torna-se frágil e com pouca visibilidade durante a década seguinte[26].

Cinco anos depois da segunda Conferência das Nações Unidas sobre Assentamentos Humanos, realizada em 1996 em Istambul (Habitat II), a Assembleia Geral reuniu-se no evento denominado Istambul + 5, realizado em Nova York, e rediscutiu o status e o papel do UNCHS. No ano seguinte, em 2002, baseado em resolução da Assembleia Geral das Nações Unidas[27], o UNCHS passou de Agência para Programa, no âmbito da ONU, criando-se assim a possibilidade de constituição e gerenciamento de fundos que viabilizem a resolução de problemas, que há muito deveriam ser solucionados.

O novo status do UN-Habitat reflete mudança quanto aos interlocutores, que anteriormente resumiam-se aos representantes de Estados-nação, e agora incorpora múltiplos atores sociais. Segundo Raquel Rolnik e Nelson Saule Jr., há um deslocamento de uma postura assistencialista para uma ação que privilegia a cooperação com programas e projetos urbanos voltados para promover o fortalecimento da gestão local[28]. Consequentemente, o conselho administrativo do UN-Habitat reuniu-se bianualmente, definindo a oportunidade e a pauta do Fórum Urbano Mundial (World Urban Forum – WUF), realizado nos anos subsequentes.

Atualmente, sob liderança de Anna Tibaijuka, o Programa UN-Habitat concebe e promove ações que auxiliam as decisões políticas dos governantes e comunidades locais no enfrentamento das questões urbanas, encontrando soluções exequíveis e duradouras. O percurso percorrido pela organização é descrito em vários documentos: Declaração de Vancouver sobre assentamentos humanos, Agenda Habitat, Declaração de Istambul sobre assentamentos humanos, Declaração sobre cidades e outros assentamentos humanos no novo milênio e Resolução 56/206.

O trabalho do UN-Habitat está diretamente relacionado com a Declaração do Milênio (United Nations Millennium Declaration), particularmente as metas dos Estados-membros para melhorar a vida de pelo menos 100 milhões de moradores de favelas até o ano 2020, objeto de discussões dos fóruns urbanos mundiais. A visão estratégica do UN-Habitat está ancorada em quatro itens visando atingir a meta de "Cidades sem favelas": a) normas legais globais; b) análise de informações; c) campo de testes de soluções; d) financiamento. Seguem-se, desta forma, as quatro principais funções atribuídas atualmente à agência: pesquisa e monitoria, política de desenvolvimento, capacitação e financiamento para habitação, e desenvolvimento urbano.

capítulo 2
CONFERÊNCIAS DAS NAÇÕES UNIDAS SOBRE
ASSENTAMENTOS HUMANOS – UN-HABITAT

A partir da Segunda Guerra Mundial, a urbanização torna-se um fenômeno mundial, e consequentemente os efeitos positivos ou negativos decorrentes desse processo tornam-se visíveis. Os problemas sérios que desafiam as cidades são amplos e complexos: recursos financeiros inadequados, falta de oportunidades de empregos, aumento do contingente de desabrigados, expansão de assentamentos irregulares, aumento da pobreza e da crescente desigualdade social, aumento da insegurança e dos índices de criminalidade, serviços e infraestrutura inadequados, falta de equipamentos de saúde e educação, uso impróprio do solo, insegurança quanto à posse da terra, aumento do trânsito e da poluição, falta de áreas verdes, crescimento urbano desordenado e aumento da vulnerabilidade a desastres.

Entre 1976, data do Habitat I, realizado em Vancouver, e 1996, quando ocorre o Habitat II em Istambul, o panorama geral da situação dos assentamentos humanos em todo o mundo se agrava de forma alarmante, potencializado pelo processo vertiginoso de urbanização ocorrido nas diversas regiões do mundo. A Declaração de Vancouver de 1976 propunha um conjunto de recomendações para o tratamento da questão – principalmente para os assentamentos – que pressupunha um Estado nacional forte e centralizador. Vinte anos depois, dada a dimensão dos problemas urbanos generalizada pelo mundo, os representantes dos Estados reunidos em Istambul consideraram urgente a implementação de ações e medidas concretas, encaminhando soluções para os graves problemas urbanos acumulados ao longo de duas décadas[1].

Este capítulo sintetiza o percurso das duas grandes conferências das Nações Unidas para os assentamentos humanos, destacando as principais recomendações e ações propostas no âmbito de cada evento. Buscando entender a confluência de temáticas e marcos de mudança no processo de urbanização, o texto a seguir se apoia no estudo dos documentos oficiais dos eventos realizados, nas características de suas constituições e na avaliação das repercussões de ambos na discussão do tema a nível global.

1. Habitat I – Vancouver, 1976

Quando a Conferência das Nações Unidas sobre Assentamentos Humanos – Habitat I – ocorreu em Vancouver em 1976, cerca de 1/3 da população mundial vivia em áreas urbanas. Naquela ocasião, argumentava-se que os problemas relacionados à precariedade da urbanização então crescente eram decorrentes da falta de acesso a recursos e a um desequilíbrio entre regiões, principalmente entre as áreas urbanas e as rurais. Segundo Daniel Biau, os debatedores que monopolizaram as discussões do Habitat I acreditavam que somente um governo centralizado, forte e contínuo poderia redistribuir os recursos de forma racional entre áreas urbanas e rurais, permitindo diminuir o desequilíbrio regional e resolver os crescentes problemas urbanos que estavam emergindo a partir de então[2].

No seu discurso de abertura do Habitat I, o então secretário-geral das Nações Unidas, Kurt Waldheim, afirmou que a grande maioria da população dos países em desenvolvimento vivia em condições precárias de moradia. Desenvolvendo o argumento, Enrique Peñalosa, secretário-geral da conferência, especificou que a moradia precária era uma questão paradigmática, que se defrontava com dois processos distintos: por um lado, era fruto de um crescimento urbano mundial caótico que implicava graves desequilíbrios; por outro, as ações organizadas para atender a necessidade das comunidades locais estavam desarticuladas de um planejamento global. Ambos os posicionamentos já deixam transparecer a tônica dos documentos resultantes deste encontro: a explícita valorização do planejamento em escala nacional sob a égide de um Estado regulador, dispondo de aparatos institucionais consolidados[3].

Os dois documentos resultantes do Habitat I – a Declaração de Vancouver e o Plano de Ação Global de Vancouver – prescrevem recomendações para as ações nacionais e cooperações internacionais, atribuindo total responsabilidade aos governos nacionais na elaboração e implementação de estratégias territoriais e políticas direcionadas ao atendimento das populações vulneráveis.

Declaração de Vancouver sobre Assentamentos Humanos

A Declaração de Vancouver, um dos principais documentos resultantes do Habitat I ocorrido em Vancouver em 1976, estabelece um conjunto de princípios voltados para a melhoria da qualidade de vida por meio de uma distribuição mais equitativa dos benefícios do desenvolvimento econômico. Enfatiza ainda outras medidas importantes: o planejamento e a regulação do uso da terra, a proteção do meio ambiente, a importância do atendimento das necessidades das mulheres e dos jovens e, em especial, o atendimento às populações afetadas por desastres naturais e ou sociais[4].

A responsabilidade na preparação e implementação dos planos estratégicos territoriais – em especial as políticas de assentamentos humanos e infraestrutura voltadas para as populações carentes – seriam atribuições exclusivas, segundo este documento, dos governos nacionais, que poderiam assim controlar o desenvolvimento nacional, regional e local. As intervenções centralizadas eram consideradas, portanto, um método eficaz para providenciar habitações para comunidades necessitadas.

O texto de abertura da declaração sobre assentamentos humanos[5] associa a intensa urbanização a um processo descontrolado, sem planejamento, com fortes consequências na qualidade de vida dos assentamentos humanos, principalmente nos países em desenvolvimento. Enfatiza ainda o papel agravante desempenhado pelo movimento interno da população rural no território – êxodo de parte de contingentes dessa população para as áreas metropolitanas e a dispersão de outro tanto em pequenos e isolados vilarejos sem infraestrutura adequada – e a involuntária migração entre países motivada por fatores políticos, raciais e/ou econômicos, sendo a pobreza um fenômeno que se localiza nas cidades, porém gestada nas áreas rurais. O preâmbulo do documento indica que "as circunstâncias humanas inaceitáveis dos assentamentos são agravadas provavelmente pelo crescimento econômico desigual e pela urbanização descontrolada", sugerindo que a saída é estabelecer "ações positivas e concretas que se traduzem em níveis nacionais e internacionais"[6].

A Declaração enfatiza que os problemas dos assentamentos humanos não existem isolados dos problemas sociais e do desenvolvimento das nações. As circunstâncias de vida de um enorme número de habitantes são inaceitáveis, particularmente em assentamentos humanos nos países em desenvolvimento, onde tais condições tendem a se agravar como resultado dos seguintes aspectos: "do crescimento econômico desigual [...]; da deterioração ambiental, ecológica econômica e social [...]; do crescimento da população mundial [...]; da intensificação dos processos de urbanização descontrolados [...]; dos atrasos no setor rural; da dispersão dos assentamentos rurais; e da migração involuntária"[7].

Segundo o documento, o estabelecimento de um mundo economicamente justo e igualitário careceria de mudanças em áreas de interesse internacional, e o desafio que se colocava à humanidade era encontrar soluções para esses problemas. Tratava-se, já naquela ocasião, de estabelecer uma nova ordem econômica internacional, onde se tornava imprescindível perseguir as seguintes oportunidades e soluções: "criar políticas efetivas e estratégias de planejamento adaptadas às condições locais [...]; criar assentamentos mais eficientes, considerando todas as necessidades humanas [...]; criar possibilidades de participação popular; utilizar conjuntamente ciência e tecnologia mais financiamentos internacionais, na formulação e implementação dos programas de assentamentos [...]; utilizar os mais eficientes meios de comunicação para adquirir informação sobre as experiências internacionais no campo dos assentamentos humanos [...]; estabelecer laços de cooperação internacional, assim como regionais e globais [...]; criar condições para a atividade econômico-social, acarretando, portanto, melhores condições de vida"[8].

A Declaração de Vancouver estabeleceu dezenove princípios gerais que advogavam a melhoria da qualidade de vida das populações, com destaque para dois itens: "a distribuição mais equitativa do uso da terra e de seus benefícios; e o planejamento e regulação do desenvolvimento, protegendo o ambiente, as mulheres e a juventude, integrando e reabilitando os povos deslocados por catástrofes naturais e/ou provocadas pela ação humana"[9].

Para Aurílio Caiado, um capítulo presente na resolução final do Habitat I transformou-se no conceito norteador das futuras conferências mundiais para assentamentos humanos. Este capítulo se referia aos princípios gerais e enunciava que

> a melhoria da qualidade de vida para toda a população começa com a satisfação das necessidades básicas de alimentação, habitação, saneamento, emprego, saúde, educação, instrução e segurança social; deve ser destituída de todo o tipo de discriminação, como por exemplo, de raça, cor, sexo, língua, religião, ideologia, nacionalidade, origem social ou outra causa, e estar sustentada na liberdade, dignidade e justiça social[10].

Os princípios gerais valorizam igualmente a soberania do Estado nacional sobre a riqueza, os recursos naturais, os valores culturais e as atividades econômicas presentes em todo o seu território. Nesse sentido, o documento considera a terra um recurso valioso cujo uso e ocupação o Estado tem o direito de controlar, planejar e regular, pois é vital para o crescimento equilibrado dos centros urbanos e rurais.

O desenvolvimento econômico é considerado peça fundamental na melhoria da qualidade de vida e uma especial atenção deveria ser dada às rápidas transformações ocorridas na economia dos países em desenvolvimento, prioritariamente entre os desequilíbrios estabelecidos entre o setor primário e o setor secundário, particularmente na área industrial.

As diretrizes de ação presentes no documento definem vários aspectos da política dos assentamentos. O foco é colocado em uma nova relação entre áreas rurais e urbanas – busca de uma integração harmoniosa e redução das disparidades sociais – e em uma urbanização com padrões mínimos de qualidade, que sejam progressivos e contem com a participação efetiva da comunidade[11]. Além disso, outras diretrizes merecem ser referidas: os governos devem preparar planos estratégicos territoriais e adotar políticas para direcionar os esforços de desenvolvimento socioeconômico; as políticas de assentamentos humanos devem buscar integração ou coordenação entre crescimento e distribuição populacional, emprego, moradia, uso da terra, infraestrutura e serviços; é de suma importância que os esforços nacionais e internacionais deem prioridade ao hábitat rural; a moradia adequada e serviços são um direito humano básico e torna-se obrigação dos governos assegurarem este direito à população.

Com base em tais diretrizes, esperava-se que a comunidade internacional exercitasse sua responsabilidade em apoiar os esforços nacionais em enfrentar os desafios referentes aos assentamentos humanos, uma vez que os recursos governamentais dos países em desenvolvimento não eram considerados suficientes. Ou seja, esperava-se que a comunidade internacional, principalmente os países desenvolvidos, promovesse o financiamento necessário para os problemas relacionados aos assentamentos humanos dos países mais pobres.

As políticas e estratégias de assentamentos recomendadas às nações reforçam a necessidade de uma formulação que combinasse a questão mais específica do assentamento e o cenário mais geral do desenvolvimento nacional, inclusive em conformidade com os princípios presentes na Declaração Universal dos Direitos Humanos. Esta sintonia é visível quando a Declaração de Vancouver afirma que "o abrigo e os serviços adequados são direitos humanos básicos" e que os "governos devem ajudar as autoridades locais a participar com uma extensão maior no desenvolvimento nacional"[12].

Outro fato importante dessa conferência foi as Nações Unidas terem, pela primeira vez, e de forma oficial, articulado uma política de terras[13]. Destaca-se a afirmação presente no documento de que "a terra não poderia ser tratada como um bem qualquer, sujeita exclusivamente à regulação do mercado, pois sendo a propriedade privada da terra também um instrumento de acumulação e concentração de riqueza, pode, quando não sujeita a controle público, contribuir para a injustiça social, tornando-se mais um obstáculo ao planejamento e à execução de projetos de desenvolvimento"[14]. O controle público do uso da terra torna-se assim um aspecto estratégico para as políticas habitacionais.

O documento é seguido pelo Plano de Ação Global, um compêndio de 64 recomendações aprovadas pelos países participantes, todas elas reconfirmadas na redação da Agenda Habitat, elaborada por ocasião da II Conferência, realizada em Istambul, em 1996.

Plano de Ação Global de Vancouver 1976

As recomendações do Plano de Ação Global de Vancouver referem-se à escala de ação nacional, organizadas em seis sessões: políticas e estratégias de assentamento; planejamento dos assentamentos; habitação, infraestrutura e serviços; terra; participação pública; instituições e gerenciamento.

A primeira sessão, sobre *políticas e estratégias de assentamento*, tratou das questões relativas à distribuição demográfica nos territórios urbano e rural. As recomendações finais do debate pregam o fortalecimento institucional, financeiro e legal para a viabilização dos assentamentos humanos e enfatizam que políticas nacionais para assentamentos humanos e meio ambiente devem ser parte integral de qualquer política de desenvolvimento social e econômico. Dessa forma, todos os países deveriam estabelecer, em caráter de urgência, uma política nacional de assentamentos, englobando a distribuição equilibrada no território nacional – evidentemente articulada à disponibilidade de recursos financeiros – tanto da população como das atividades econômicas e sociais afins.

Na sessão sobre o *planejamento dos assentamentos*, recomendou-se que os promotores destes considerem o contexto nacional, dentro de um processo econômico-social que envolva igualmente as escalas regional e local, refletindo as prioridades e valores próprios, e permitindo avaliar os recursos reais e potenciais de desenvolvimento futuro. Embora a região fosse considerada a unidade básica, formas distintas e combinadas de planejamento foram recomendadas para todos os tipos de assentamentos conhecidos até então: rurais, locais, áreas de expansão urbana, novos assentamentos, bairros ou unidades de vizinhança, assentamentos temporários ou nômades, áreas metropolitanas. O objetivo do planejamento das áreas rurais seria o de estimular suas instituições econômicas e sociais, melhorar as condições gerais de vida da população e, assim, superar as desvantagens da população dispersa. Para o planejamento das áreas metropolitanas, o principal objetivo seria o de garantir o acesso integrado sobre todo o território e as principais funções da metrópole. Os planos de assentamentos motivados pelo propósito de prevenir desastres naturais ou provocados pela ação humana mereceram atenção especial. Ainda de acordo com as diretrizes propostas nessa sessão, o processo de planejamento deveria ser contínuo, com coordenação e monitoração dos recursos financeiros, e revisão continuada para diferentes níveis e funções.

A sessão sobre *habitação, infraestrutura e serviços* traz um conjunto de recomendações fundamentais, incluindo até mesmo o setor informal. Entre as prioridades identificadas estão: "assegurar o direito da posse da terra para estabelecimentos não planejados e fornecer locais e serviços especificamente para a construção pelo setor informal"[15]. Ainda segundo Biau, recomendações também são feitas para o desenvolvimento de políticas nacionais de habitação, as quais deveriam fornecer – com subsídio total ou parcial – a terra, a prestação de serviços e a manutenção das habitações, com alternativas disponíveis de aluguel ou de autoconstrução. As políticas de infraestrutura, por sua vez, deveriam fixar o preço do uso para melhorar a equidade no acesso, minimizar o impacto ambiental adverso, priorizar o acesso à água segura e a eliminação de doenças, favorecer o transporte maciço e a eficiência de energia.

Sobre a *terra*, a sessão sinaliza logo em seus princípios que "a posse da terra confidencial contribui para a injustiça social", e que "o controle público do uso da terra é consequentemente indispensável"[16], pontos esses considerados problemáticos para Biau. Para esse autor, o documento advoga uma política pró-ativa da terra baseada no zoneamento, nas reservas da terra, na expropriação compensatória, em impostos redistributivos de propriedade e em recapturar os lucros excessivos da terra, resultando no investimento público e na posse pública apropriada. Incentiva também o estabelecimento de sistemas de informação detalhados da terra.

As questões recomendadas no âmbito da sessão *participação pública* se inserem em um contexto político, onde as tarefas a ser executadas pelo Estado deveriam estar articuladas à mobilização do interesse dos habitantes, evocando um esforço cooperativo entre ambos como um pré-requisito para a ação efetiva nos assentamentos humanos. Nesse sentido, o documento enfatiza o processo democrático com o máximo de participação a ser concebida de cima para baixo, com o envolvimento de altos escalões do governo na tomada de decisão ou de baixo para cima, com o envolvimento direto de habitantes na tomada de decisões e implementações de programas de seus interesses. Importante ressaltar que – visando responder às transformações sociais, econômicas e culturais pelas quais a sociedade vinha passando – são estimuladas novas formas e mecanismos de participação popular que contribuam para o desenvolvimento da consciência do papel pessoal na transformação da sociedade. O Plano ainda destaca a importância do fluxo de informações entre todos os envolvidos e as bases relacionadas ao entendimento mútuo, confiança e educação.

Por fim, a sessão sobre *instituições e gerenciamento* destaca a importância da existência de um sistema diversificado de instituições políticas, administrativas e técnicas nas diversas escalas, em concordância com a extensão e complexidade de cada assentamento humano, onde cada situação deveria contar com legislações claras e específicas, além de instrumentos e procedimentos formais com vistas a um gerenciamento eficaz. O relatório enfatiza principalmente a necessidade do estabelecimento de instituições nacionais nos variados níveis de governo, que sejam responsáveis pela formulação e implementação de políticas e estratégias para os desenvolvimentos nacional, regional e local. Observa também a necessidade de promover novos modelos de instituições de assentamentos que envolvam lideranças e encorajem a participação pública, os quais poderiam variar em complexidade conforme a escala e a extensão territorial, desde que incorporassem com maximização os benefícios econômicos. Em suas proposições de ações, o texto destaca que a formulação de políticas e estratégias de assentamentos humanos deveria requerer consulta, negociação e decisão em todos os níveis, facilitando assim sua concretização e eficácia, garantindo a imagem de abrangência nacional e respectiva autoridade. Por fim, as ações recomendadas relacionam-se à concretização de gerenciamento responsável e produtivo que aproveitasse os recursos existentes, as facilidades e a infraestrutura, bem como investisse nos recursos humanos disponíveis como condição fundamental ao processo de desenvolvimento de qualquer assentamento. O documento ressalta como crescente lacuna – realidade presente tanto nos países do "Terceiro Mundo" como nos industrializados – a descontinuidade de mandato em muitas instituições e os recursos efetivamente colocados à disposição para a realização das ações planejadas, situação que se mantém bastante atual.

Críticas e desdobramentos

A Declaração de Vancouver mostrou um consenso internacional em relação às políticas públicas para os assentamentos humanos, indicando uma série de medidas a ser postas em prática pelos governos, de forma a garantir uma melhoria progressiva da qualidade de vida e do bem-estar humano[17]. No entanto, embora algumas das recomendações em breve tornar-se-iam obsoletas e amplamente criticadas em função do contexto histórico da época, algumas delas ainda hoje permanecem válidas.

Nos documentos oriundos do Habitat I, predominava uma crença de que o Estado forte e contínuo seria capaz de redistribuir os recursos entre áreas urbanas e rurais – diminuindo os seus desequilíbrios – e prover infraestrutura para os assentamentos urbanos já em plena fase de degradação. Para Eduardo López Moreno e Rasna Warah, os documentos resultantes do Habitat I são marcados pela crença de que somente um governo central forte fosse capaz de enfrentar os problemas urbanos que despontavam nos anos 1970, vistos, então, como iniquidades entre áreas rurais e urbanas e, nesse sentido, relacionados aos desequilíbrios do desenvolvimento econômico e social[18]. É importante salientar que estas eram questões que ainda se situavam em um contexto histórico de prevalência das políticas keynesianas, voltadas para a garantia de manutenção de uma ordem econômica mundial.

Silvia Bacelar Carmo afirma que grande parte das resoluções do Habitat I caracterizou-se por uma política antiurbanização, uma vez que o pensamento dominante na época era fixar a população no campo, evitando o êxodo rural e, desta maneira, o maior crescimento das cidades[19].

Nestes documentos já estavam delineadas algumas questões substanciais que irão ganhar força em 1996: a participação social, a provisão de habitações, a recuperação de estoques habitacionais existentes, a necessidade de recursos financeiros e fiscais para implantação de infraestruturas básicas, com a necessária participação da iniciativa privada e sociedade civil. No entanto, observa-se um vazio quanto aos conteúdos políticos do planejamento, que eram vistos como atribuições isoladas do Estado. Segundo Biau, em 1976 – quando, no âmbito do Habitat I, atribuiu-se ao Estado todo o ônus das ações de planejamento propostas – ocorreu uma omissão na definição de quem seriam ou de quem deveriam ser os atores envolvidos no processo, resultando em um campo nebuloso e difícil para o estabelecimento dos elos necessários à implantação e gestão das ações propostas[20].

Para esse autor, a sessão que trata de habitação e infraestrutura, e a que trata da terra (C e D) podem ser classificadas como as estratégias centrais do Habitat I, onde é explicitada com clareza a responsabilidade do Estado em fornecer abrigo adequado para todos. As recomendações para os planos nacionais de habitação e políticas de infraestrutura contêm posicionamentos ainda hoje pertinentes, porém algumas questões contextuais do momento histórico deixaram suas marcas e tornaram algumas de suas propostas obsoletas, em especial aquelas que advogavam políticas fundiárias baseadas em zoneamento, reservas fundiárias e desapropriações por meio de aquisições e investimentos públicos, ou seja, as políticas calcadas em um Estado forte, capaz de prover todas as resoluções necessárias às provisões dos assentamentos humanos.

Segundo Aurílio Caiado, apesar das críticas, não se pode negar que o "Habitat I inaugurou um novo tipo de conferência das Nações Unidas [...], pois, além de um fórum mundial de discussões e debates sobre o tema, se propõe a ser também um espaço de troca de informações e experiências bem-sucedidas sobre práticas urbanas"[21].

Os documentos resultantes do Habitat I abriram espaço para reconhecimento da participação, ainda que de maneira indireta, da sociedade organizada na definição de políticas e na elaboração de programas dirigidos ao planejamento, produção e melhoramento dos assentamentos. Na opinião de Wandia Seaforth, suas diretrizes e ações consideraram também a importância da participação dos moradores na produção e gestão de seu hábitat, marcando assim o início de uma longa história de declarações de princípios, de recomendações aceitas ou ignoradas, e de experiências de êxito ou falidas em matéria de políticas de gestão, financiamento, produção e transformação do espaço urbano[22].

Biau, contudo, afirma que os documentos resultantes de Vancouver 1976 mantêm-se válidos em muitas áreas estratégicas[23]. Se de um lado é certo que algumas das recomendações tornaram-se irrelevantes – tanto em função do contexto externo das grandes alterações sofridas pelo mundo, como em razão das questões intrínsecas do número ponderável de artigos que não tiveram o destaque merecido porque ainda não eram visíveis no plano dos assentamentos humanos –, por outro lado é visível que o espírito geral do documento sobrevive, afinal – adverte o autor – o que aparenta ser obsoleto hoje pode ser retomado, de um modo diferente, como a base para inovações futuras. O autor observa ainda uma importante relação entre políticas e estratégias dos assentamentos no âmbito nacional articuladas à participação pública que "pode ser vista como a origem do paradigma da boa governança difundida nos anos 1990"[24].

A Conferência de Vancouver 1976, o Habitat I, serviu igualmente de cenário para o lançamento da maior parte das organizações internacionais dedicadas aos assentamentos humanos conhecidas atualmente e para que algumas nações tornassem conhecidos seu avanço em termos de políticas e programas de desenvolvimento urbano e habitacional[25].

Passado o impacto inicial promovido pela primeira conferência, o principal feito decorrente do Habitat I foi a Agenda Habitat, um Plano de Ação Global a ser adotado pela comunidade internacional na segunda conferência realizada em 1996, ou seja, já no limiar do século 21. Segundo Jorge Wilheim, apesar de articulada no Habitat I, a agenda nasceu em outubro de 1995, em Paris, quando coube a Jay Moor a preparação do documento sintético consolidando os debates realizados por representantes de trinta países e que seria levado posteriormente a Istambul[26].

2. Habitat II – Istambul, 1996

O cenário da população urbana mundial nos anos 1990, quando ocorre o Habitat II, apresenta-se bastante distinto do contexto dos anos 1970. A população urbana em 1990 era de 2.285.693, cerca de 43,5% da população total. Dados do Banco Mundial de 1992 estimavam que o número de pobres nos países em desenvolvimento subiria de 1,046 bilhão, de 1985, para 1,10 bilhão, em 2000[27].

Segundo a síntese do relatório brasileiro sobre os assentamentos humanos[28] para o Habitat II publicada por Nelson Chaffun, a intensidade e as características da urbanização em todo o mundo geraram dois grandes problemas no final do século 20: a questão urbana e a questão ambiental. O que era novo, na ocasião do Habitat II, era a intensidade do processo de urbanização acompanhado da degradação ambiental, "resultando em crescente vulnerabilidade das cidades, problema agravado pela intensidade da concentração urbana"[29]. Em 1992, durante a Conferência das Nações Unidas sobre o Meio Ambiente e o Desenvolvimento, ocorrida no Rio de Janeiro, pela primeira vez reforçaram-se as iniciativas visando associar as duas questões. Em seguida, na Conferência Habitat II, as discussões giraram em torno da questão urbano-ambiental, ao definir a sustentabilidade como princípio, e os assentamentos humanos sustentáveis como objetivo a ser perseguido[30].

A segunda Conferência das Nações Unidas sobre Assentamentos Humanos – Habitat II – estabeleceu diretrizes políticas e compromissos com os governos nacionais, visando a melhoria das condições de moradia nas áreas urbanas e rurais, além de estabelecer como princípio fundamental a completa realização do direito à habitação adequada. A Conferência reuniu na programação oficial, para os procedimentos formais, além de chefes de Estado, prefeitos e outras autoridades da instância local, reconhecendo o importante papel que desempenham como atores e parceiros dos compromissos buscados e na efetiva concretização de ações dela derivadas.

Além da *Declaração de Istambul sobre Assentamentos Humanos*, onde são reafirmados os compromissos assumidos pelos governantes das nações para promover e estender melhores padrões de vida a toda a humanidade, o Habitat II divulgou a Agenda Habitat, que se transformou no principal documento político de divulgação da Conferência. Adotada por 171 países participantes do evento, a Agenda Habitat contém uma centena de compromissos e seiscentas recomendações sobre os assentamentos humanos – o Plano de Ação Global. Cabe ressaltar que esta Agenda Habitat se articula com as demais agendas resultantes das conferências mundiais realizadas na década precedente e das convenções mundiais aprovadas pela Organização das Nações Unidas.

Realizada em junho de 1996, a Conferência contou com um longo processo preparatório de dois anos envolvendo as delegações e representações oficiais dos Estados-membros da ONU, auxiliados pelas diferentes agências e programas da Organização das Nações Unidas. Foi um grande esforço de mobilização internacional, que agregou representantes qualificados de vários segmentos de expressão regional e nacional, das instâncias governamentais e da sociedade civil organizada.

Jorge Wilheim, designado pela ONU para organizar a Conferência, relata que houve nessa atividade preparatória o empenho de pessoal do *staff* da ONU e de um corpo técnico contratados pela ONU a fim de produzir programas e propostas para subsidiar os trabalhos da Conferência Habitat II[31].

De início, tinha-se a ideia de uma reunião prévia entre representantes dos países-membros, tanto do Primeiro como do Terceiro Mundo, identificados com as questões emergentes do hábitat. Este grupo deveria ser formado preferencialmente por homens e mulheres com diferentes perspectivas, que pudessem estabelecer uma pauta diferenciada sobre os problemas que deveriam ser discutidos na Conferência. O cerne das preocupações que motivavam a realização do Habitat II era a expectativa de um desenvolvimento de homens e mulheres em um meio ambiente saudável e estimulador das potencialidades individuais e coletivas. Contudo, o plano de fundo deste prognóstico feliz era o processo de rápida urbanização que resultava em cidades cada vez maiores, principalmente nos países do Terceiro Mundo, processo que indicava a globalização da economia, o distanciamento cada vez maior entre os países pobres subdesenvolvidos e ricos desenvolvidos. Mas, na prática, como relembra Wilheim, as atividades preparatórias ficaram a cargo principalmente das representações de países do Terceiro Mundo, *"predominantemente formadas por homens"*[32], situação que refletia, de forma inconsciente, a abrangência real dos problemas existentes no contexto mundial.

Mesmo assim, a preparação para Istambul motivou a realização de inúmeros eventos mundiais, regionais e nacionais – congressos, seminários, reuniões e encontros de trabalho –, que atraíram um grande número de participantes da comunidade internacional, representando os poderes públicos – executivo e legislativo – e setores diversos da sociedade: entidades empresariais, acadêmicas e profissionais; instituições e organizações não governamentais e comunitárias; e movimentos sociais diversos.

Cada país deveria apresentar com antecedência os seus relatórios nacionais, que incluiriam, além de diagnósticos, tendências e perspectivas, os planos nacionais de ação, para que esses subsidiassem a redação dos documentos da Conferência geral: a Agenda e o Plano de Ação Global. No caso brasileiro, o *Relatório nacional sobre os assentamentos humanos* foi encaminhado incompleto, pois apenas a primeira parte fora concluída dentro do prazo estipulado. A proposta do Plano Nacional de Ação, que havia sido preparada pela então Secretaria de Política Urbana do Ministério do Planejamento, não obteve o consenso entre os membros do governo e os da sociedade civil, que integravam o Comitê Nacional Preparatório, responsável pela aprovação do documento. Ou seja, a diversidade de visões, problemas e posições políticas foi certamente o signo e o desafio do Habitat II.

Cabe ressaltar três fatos importantes: pela primeira vez em uma conferência mundial convocada pela ONU, as autoridades locais foram consideradas um dos principais grupos de parceiros, em função da sua responsabilidade para o alcance dos objetivos perseguidos pela Organização; houve um grande esforço de mobilização e articulação das associações mundiais e de autoridades locais para participarem unidas e fortalecidas, tanto no processo preparatório e na redação da Agenda Habitat quanto na própria Conferência de Istambul; e, também pela primeira vez na história das grandes conferências mundiais da ONU, as autoridades locais tiveram um comitê específico – o Comitê II –, onde puderam manifestar-se e expressar suas preocupações e propostas para a redação final e aprovação da Agenda Habitat e seu Plano de Ação Global.

Em razão da diversidade geográfica, cultural, política, econômica e social dos países de todo o mundo que participaram da redação e da aprovação consensual da Agenda Habitat, o texto apresenta muitas redundâncias, além de inserções cuja especificidade atende a situações particulares que não se aplicam a todos os países ou a todas as circunstâncias. Ainda, segundo Jorge Wilheim, o texto elaborado pelos embaixadores foi discutido frase por frase, pois todo o teor do documento deve obter o aval e o acordo dos representantes nacionais[33].

Os representantes dos Estados reunidos em Istambul constataram de forma unânime que a ausência de políticas públicas dificulta o acesso da população à moradia digna e aos serviços básicos e à infraestrutura. Nesse sentido, ao reunirem na Agenda Habitat um elenco de compromissos e procedimentos capazes de oferecer respostas às demandas por padrões sustentáveis de vida nos assentamentos humanos, a Conferência de Istambul ganhou um grande peso político. Não apenas a Declaração das Nações signatárias, mas também a Agenda Habitat II sinaliza o momento de inflexão ocorrido em Istambul, que se expressa na busca de viabilização de políticas urbanas e nos seus desdobramentos, em especial no documento Metas de Desenvolvimento do Milênio e na organização de Fóruns Urbanos Mundiais, como se verá adiante.

A Conferência Habitat II adotou dois grandes temas de igual importância: a questão da moradia adequada para todos e o desenvolvimento sustentável dos assentamentos humanos em um mundo em urbanização, combinando os desenvolvimentos social e econômico com a proteção ambiental, respeitando a Declaração Universal dos Direitos Humanos e a liberdade dos povos.

Os dois temas – genéricos e abrangentes – afetam a todos os países, inclusive os mais desenvolvidos. Contudo, persistem no contexto global modelos de produção e de consumo não sustentáveis que geram impactos nos âmbitos local, nacional e supranacional: degradação ambiental, mudanças e migrações demográficas, pobreza persistente e crescente, expansão das cidades sobre áreas rurais, vulnerabilidade ambiental e processos econômicos muitas vezes ineficientes.

Outros fenômenos demográficos se somam a isso: o aumento das populações urbana e rural vem agravando o processo de planejamento e crescimento sustentável das aglomerações; as guerras e desastres naturais ou artificiais causados pelo homem têm aumentado o número de pessoas deslocadas, desabrigadas e refugiadas que necessitam de proteção internacional. Nesse processo de crescimento constante e de migrações diversas, os assentamentos rurais poderiam se tornar áreas de intervenção prioritária, buscando aliviar a pressão sobre as metrópoles, diminuindo as taxas de migração campo-cidade, melhorando a qualidade de vida nesses locais com a criação de empregos e melhoria das condições de educação e saúde.

As diferenças existentes entre os assentamentos humanos de diferentes regiões e países e mesmo no interior de cada região ou país sublinharam a importância do papel da cooperação e das parcerias internacionais, regionais, nacionais e locais, pois são elas que viabilizam o apoio e o incentivo às propostas e aos programas que implementam de fato os dispositivos da Agenda Habitat. Foram também reconhecidas as necessidades especiais das mulheres, crianças e jovens em temas como segurança, saúde e condições de vida adequadas.

Declaração de Istambul sobre Assentamentos Humanos – Habitat II

O mais significativo termo que os chefes de Estado ou governo endossaram na Declaração de Istambul foi o reconhecimento das cidades e municípios como centros de civilização, que geram desenvolvimento econômico e social, cultural, espiritual e avanço científico:

> Reconhecendo autoridades locais como parceiros essenciais na implementação da Agenda Habitat, devemos, dentro da estrutura legal de cada país, promover a descentralização através de autoridades locais democráticas e trabalhar para fortalecer suas capacidades financeiras e institucionais de acordo com as condições dos países, enquanto assegurarem sua transparência, responsabilidade final, sensibilidade às necessidades das pessoas que são o requisito-chave para sistemas políticos em todos os níveis[34].

As parcerias e o apoio mútuo entre atores da urbanização foram a principal estratégia política assumida em Istambul para a implementação política dos objetivos do Habitat II. "Devemos", diz a Declaração, "aproveitar as oportunidades oferecidas por nossos assentamentos e preservar sua diversidade para promover solidariedade entre todas as nossas pessoas"[35].

A contribuição das conferências mundiais sobre o meio ambiente e desenvolvimento foi também considerada decisiva para que se assumisse uma agenda inclusiva, com a presença de outros temas relevantes como paz, justiça e democracia, tidos como componentes interdependentes e essenciais para o desenvolvimento econômico-social e para a proteção ambiental, reforçando, assim, o desenvolvimento sustentável. É possível, portanto, identificar os reflexos dessas conferências na Agenda Habitat.

Ainda que os desafios dos assentamentos humanos sejam globais, os signatários da Declaração de Istambul consideraram que países e regiões enfrentam problemas específicos e que, portanto, precisam de soluções específicas: "a globalização da economia mundial representa oportunidade e desafios para o processo de desenvolvimento, tanto quanto riscos e incertezas [...]. As metas da Agenda Habitat seriam facilitadas por ações positivas nas questões de financiamento e desenvolvimento, dívidas externas, comércio internacional e transferência de tecnologia"[36].

Sendo o compromisso com o desenvolvimento sustentável assumido em Istambul centrado nos seres humanos, declara-se que estes são a base para as ações de implementação da Agenda Habitat. Mais do que isso, são reconhecidas as necessidades particulares das mulheres, crianças e jovens, por condições de vida seguras, saudáveis e estáveis:

> Devemos intensificar nossos esforços para erradicar a pobreza e a discriminação, promover e proteger os direitos humanos e liberdades fundamentais para todos, e proporcionar especialmente as necessidades básicas para esses grupos sociais vulneráveis [...] além de buscar a melhoria das condições de vida e garantia de participação igual e inte-

gral de homens e mulheres na vida econômica, política e social. Devemos promover acessibilidade plena para pessoas com deficiências, tanto quanto igualdade sexual em políticas, programas e projetos para moradias e desenvolvimento sustentável de assentamentos humanos[37].

O direito à habitação foi reafirmado e reforçado com outros dispositivos: as necessidades de direito legal de posse, proteção contra discriminação e acesso universal para todas as pessoas e suas famílias à habitação adequada. Este direito deve expressar-se em padrões sustentáveis de produção, consumo, transporte e desenvolvimento de assentamentos, prevenção de poluição, respeito pela capacidade de manutenção do ecossistema e preservação de oportunidades para as gerações futuras.

> Esta Conferência em Istambul marca uma nova era de cooperação, uma era de cultura à solidariedade. Enquanto caminhamos para o século 21, oferecemos uma visão positiva de assentamentos humanos sustentáveis, um sentido de esperança para um futuro comum e um conselho de participar de um desafio verdadeiramente vantajoso e atraente, de construirmos juntos um mundo onde cada um pode viver em uma casa segura com a promessa de uma vida decente de dignidade, boa saúde, segurança, felicidade e esperança[38].

A Agenda Habitat

Ao oferecer um programa dinâmico – com princípios, compromissos e metas –, a Agenda Habitat estimula e propicia ações conjuntas, convocando governos e sociedade a reafirmar uma visão positiva dos assentamentos humanos sustentáveis, onde todos, sem quaisquer discriminações, possam usufruir de moradia digna em um meio ambiente sadio e seguro.

Na Agenda Habitat é traçado um panorama geral da situação dos assentamentos humanos em todo o mundo, cuja evolução não correspondeu às expectativas da Primeira Conferência das Nações Unidas sobre Assentamentos Humanos, realizada na cidade de Vancouver, no Canadá, em 1976.

A Agenda Habitat estabelece que seja responsabilidade dos Estados promover políticas e programas nacionais necessários a sua superação, tendo em vista os desequilíbrios sociais, econômicos e ambientais, e as graves consequências provenientes da má qualidade de vida a que está submetida a população em todo o mundo.

Foram assumidos compromissos referentes à moradia adequada, o desenvolvimento sustentável de assentamentos humanos em um mundo em processo de urbanização, a igualdade de gênero, o financiamento de habitações e assentamentos humanos, além dos aspectos operacionais de capacitação e desenvolvimento institucional, coordenação e cooperação internacional. Estratégias possíveis foram definidas para a implantação do Plano de Ação Global, focando as especificidades de cada uma destas questões principais, além da implementação e acompanhamento da própria Agenda Habitat. Um capítulo específico desse documento aborda os aspectos pragmáticos de efetivação do Plano, reconhecendo os diferentes períodos, agentes e recursos disponíveis.

Recomendando que o Plano de Ação Global seja contextualizado, um quadro geral da urbanização é analisado em termos dos seus principais fatores, temas recorrentes no âmbito do UN-Habitat: aplicação inadequada dos recursos financeiros; o desenvolvimento urbano não coordenado; o estoque de construções inadequadas, deterioradas e subutilizadas; o uso inapropriado do solo; a falta de oportunidades de emprego; a crescente pobreza e aumento da distância entre ricos e pobres; a insegurança na posse de terras e dos imóveis; o aumento do número de desabrigados e assentamentos irregulares; a insegurança crescente e aumento das taxas de criminalidade; a falta de serviços de infraestrutura; o inadequado fornecimento de água e serviço de coleta de resíduos; a falta de facilidades com relação à saúde e à educação; a falta de espaços verdes; os crescentes congestionamentos e aumento da poluição; e a maior vulnerabilidade a desastres naturais e àqueles causados pelo homem.

Alguns grupos são apresentados como especiais e, portanto, merecedores de maior atenção em função de suas fragilidades no processo de planejamento e desenvolvimento dos assentamentos humanos e políticas relacionadas. São eles: as crianças e os jovens, principalmente em relação ao ambiente onde vivem; os indígenas, aos quais cabem políticas de respeito à identidade e à cultura, além de garantia de ambiente apropriado que lhes permita participar da vida política, social e econômica; os idosos, as mulheres e os deficientes, que também devem ter participação mais efetiva nas decisões de políticas e elaboração de planos de desenvolvimento, visto que possuem certas necessidades individuais peculiares.

Princípios e objetivos da Agenda Habitat

A Agenda Habitat estabelece o direito de acesso a moradias adequadas por toda a população. Entende-se por *moradia adequada* o abrigo que permita privacidade do usuário, uso de espaços adequados para realização de atividades, repouso e lazer, acessibilidade para deficientes e idosos; que possua iluminação, aquecimento e ventilação adequados, que tenha estabilidade estrutural, segurança adequada, qualidade ambiental e infraestrutura básica adequada – fornecimento de água, serviços sanitários e serviços de coleta de lixo. Além disso, fácil acesso ao trabalho, escola e serviços de saúde, preço acessível e adequado, e facilidade na propriedade da terra e/ou imóvel são variáveis importantíssimas no provimento da habitação.

A Agenda Habitat prevê a *provisão de assentamentos humanos sustentáveis*. Defende direitos e ações que promovam a igualdade de acesso e oportunidade a diversos itens essenciais: moradia, infraestrutura, serviços de saúde, educação, abastecimento de água, fornecimento de energia e espaços livres a todos; recursos financeiros para a produção, incluindo direito à herança, posse de terras, crédito, recursos naturais e tecnologias apropriados; desenvolvimento pessoal, profissional, espiritual, religioso, cultural e social; participação pública. Por fim, sinaliza que direitos e deveres iguais na conservação e uso dos recursos naturais disponíveis e respeito à Declaração Universal dos Direitos Humanos são características de um bom assentamento, sem segregação, evitando, assim, divergências culturais, sociais e econômicas.

A Agenda Habitat propõe a *erradicação da pobreza*. Para isso, devem-se reunir as necessidades básicas das pessoas que vivem na pobreza e/ou grupos vulneráveis com o objetivo de permitir que homens e mulheres consigam o sustento por meio de trabalho e produtividade livre, autossuficiente.

O *desenvolvimento sustentável*, além dos assentamentos urbanos sustentáveis, visa principalmente alcançar o crescimento econômico, o desenvolvimento social e a proteção ambiental, assegurando o desenvolvimento econômico, oportunidades de emprego e progresso social em harmonia com o meio ambiente. Para isso devem-se seguir os princípios definidos na Agenda 21 como precaução no uso dos recursos naturais, diminuição da poluição e respeito à capacidade dos ecossistemas. Além disso, segundo a Agenda Habitat, deve-se propor distribuição geográfica equilibrada, mantendo boas condições para o ar, água, florestas e solo na implantação de novos assentamentos e reformulação de outros, já existentes, próximos a nascentes, cursos de água, áreas de vegetação abundante ou preservada, de modo a garantir a preservação do meio ambiente.

A Agenda Habitat estabelece princípios gerais para o desenho e implantação territorial dos assentamentos, destacando que os novos assentamentos humanos a ser implantados deverão tomar alguns cuidados como, por exemplo, a proteção da saúde pública, por meio da segurança e da proteção; a integração social e educacional, promovendo igualdade e respeito pela diversidade cultural; a melhoria da acessibilidade de pessoas idosas e portadores de deficiências; a preservação do patrimônio histórico, espiritual, religioso e cultural significativos; o respeito à paisagem local, tratando o meio ambiente com cuidado; e a diversificação de usos de habitação e serviços, para conciliar a diversidade de necessidades e expectativas da população.

Compromissos da Agenda Habitat

Os compromissos da Agenda Habitat foram assumidos pelos chefes de Estado em nome do governo e da sociedade, e as metas só poderão ser atingidas por meio de responsabilidades compartilhadas entre todas as partes interessadas e em conformidade com o marco legal e institucional, e as condições sociais e econômicas de cada país.

Entre os compromissos, destaca-se: garantir moradia adequada a todos. Assegurar o direito à moradia depende de um processo de melhoria das condições de vida, trabalho e renda da população, particularmente dos que vivem em situação de pobreza, responsabilidade a ser compartilhada pelas diversas instâncias de poder local, regional e nacional: municípios devem compartilhar suas responsabilidades com a União e com os estados e com os outros municípios de sua região metropolitana, aglomeração urbana ou microrregião.

Para tanto, o Plano de Ação Global da Agenda Habitat define passos que podem ser dados com o intuito de facilitar o processo de implantação de políticas mais firmes e eficazes, que vão desde as ações institucionais de reconhecimento dos direitos civis e sociais até a promoção de tecnologias adequadas à preservação ambiental ou à capacitação de mão de obra.

A seguir, vem a preocupação com o planejamento de assentamentos humanos sustentáveis. A busca por uma vida saudável, segura e produtiva, segundo a Agenda Habitat, será feita por meio da compatibilização entre o desenvolvimento econômico e social e a proteção ambiental. Assim como o desenvolvimento de assentamentos humanos acessíveis e socialmente integrados, deverão ser implantadas as seguintes políticas públicas: o desenvolvimento sustentável que atraia investimentos, gerando emprego e renda; a integração entre planejamento e gestão urbana; a oferta de infraestrutura ambiental; o atendimento às necessidades básicas, reduzindo o impacto ecológico dos assentamentos humanos; a promoção de sistemas de transporte ambientalmente mais eficientes; e o desenvolvimento de tecnologias com mais eficiência energética.

Além dessas, algumas políticas no âmbito dos meios de gestão também podem ser aplicadas, visando a integração do planejamento urbano e da administração com questões de moradia, transporte, condições ambientais e facilidades para a comunidade: a reafirmação de esforços e do potencial da construção informal e dos setores privados na criação de habitações e empregos; a promoção da melhoria de assentamentos urbanos e favelas; a promoção de mudanças no modelo de produção e consumo não sustentáveis, reduzindo o estresse ambiental e promovendo o uso racional dos recursos naturais; a criação de políticas e programas voltados para a redução da poluição urbana resultante dos serviços de infraestrutura urbana inadequados; a melhoria da forma de acesso a trabalho, serviços e bens, promovendo meios de transporte mais eficientes, acessíveis, silenciosos e mais econômicos; a promoção de tecnologias mais eficientes de energia e alternativas renováveis; a promoção de melhor uso das áreas produtivas, tanto no meio urbano quanto rural, visando preservar áreas protegidas, por meio de políticas que atraiam investimentos; a proteção e manutenção de heranças históricas, culturais e naturais; a promoção de uso e ocupação de áreas subutilizadas nos centros urbanos, a fim de diminuir a pressão na ocupação de áreas mais periféricas; a garantia da importância das áreas rurais e costeiras; a prevenção de desastres causados pelo homem por meio de regulamentações e fiscalização; a adoção de medidas adequadas para o uso de metais pesados como o chumbo e o mercúrio; e a eliminação ou redução ao máximo do uso da gasolina como combustível.

Percebe-se que no documento são sempre reiteradas as ações, recomendações e justificativas. Trata-se de uma redundância que busca abranger a complexidade e a diversidade do quadro a ser enfrentado e, ao mesmo tempo, reafirmar o acordo e anuência dos signatários da Agenda Habitat.

Por outro lado, o documento propõe algumas medidas específicas relacionadas à promoção do uso sustentável do solo e do desenvolvimento social – erradicação da pobreza, criação de empregos e integração social, desenvolvimento de assentamentos humanos sustentáveis e saudáveis, conservação e reabilitação do patrimônio histórico, melhoria das economias urbanas e prevenção de desastres.

Os países reunidos na Conferência Habitat II e signatários da Agenda Habitat comprometeram-se a viabilizá-la – em âmbito internacional, nacional, estadual, metropolitano e local –, objetivando o alcance do progresso, da segurança e do bem-estar social. Mas o compromisso com a efetivação de suas diretrizes implicaria a adoção de duas estratégias associadas: habilitação e capacitação de agentes e atores.

A habilitação dos atores sociais relevantes significa assegurar um ambiente favorável – político, institucional e legal – que facilite a sua participação efetiva em todas as etapas dos processos de desenvolvimento sustentável. Já a capacitação dos técnicos, dirigentes e lideranças locais – do governo e da sociedade – deve ser instrumento de promoção de uma governança transparente, responsável, justa e eficiente. Do mesmo modo, o incentivo à participação do setor privado no processo de implementação da Agenda Habitat permitirá que parcerias equilibradas sejam estabelecidas, e as responsabilidades, partilhadas. Os principais atores e parceiros devem ser identificados nos mais diversos âmbitos da sociedade: entre as lideranças locais, por meio de normas, atividade pública e uso de recursos públicos; nas organizações e desenvolvimento do setor privado; junto às autoridades descentralizadas e seus recursos; na sociedade civil; e nas organizações não governamentais e dentro da própria comunidade.

Surge pela primeira vez no âmbito do Habitat a definição de políticas de igualdade de gêneros. As preocupações com a igualdade de gênero devem ser tratadas por todos os países em suas respectivas legislações, políticas, programas e projetos de desenvolvimento de seus assentamentos humanos. Para apoiar essa inclusão e atender especificamente às necessidades diferenciadas das mulheres e homens, respeitando os seus direitos à igualdade, comprometem-se as partes, entre outras possíveis ações, a integrar programas e projetos e a garantir a participação de mulheres nas decisões de planejamento de assentamentos.

Para fazer face às crescentes demandas, coloca-se em pauta o financiamento de habitações e assentamentos humanos. Para suprir as necessidades de financiamento da habitação e da infraestrutura e serviços, nas áreas rurais e urbanas, os países presentes na Conferência assumiram compromissos no sentido de fortalecer e aperfeiçoar os mecanismos de financiamento existentes e desenvolver novas formas de arrecadação que facilitem a mobilização de novos e adicionais recursos de várias fontes – internacionais, nacionais e regionais –, em diversos setores e esferas de atuação.

Destacam-se também outros compromissos: a promoção do desenvolvimento econômico e social, e da proteção ambiental; o fortalecimento da capacidade de gestão fiscal e financeira; a adoção de instrumentos fiscais que conduzam a práticas seguras sob o ponto de vista ambiental; o acesso ao mercado daqueles que são menos organizados e informados; e a concessão de subsídios

Outras diretrizes são alinhadas como estratégias para o financiamento de habitações e assentamentos humanos: estimular economias locais e nacionais, promovendo desenvolvimento econômico-social e de proteção ambiental que possam atrair recursos internacionais privados, gerando empregos, fornecendo uma grande base financeira para investimentos em assentamentos e moradias; promover acesso ao crédito a todos; adotar transparência e previsão na aplicação dos recursos nos diferentes níveis de governo e seus atores.

Finalmente, ressalte-se a necessidade de cooperação internacional. Tratando-se de uma agenda mundial, endossada pelos chefes de Estado e pelas agências internacionais, os compromissos acordados em torno da cooperação internacional são de grande relevância, tanto para os países doadores de assistência técnica e financeira quanto para os países que a recebem.

A Agenda Habitat definiu algumas diretrizes específicas, principalmente de caráter econômico e institucional, que merecem destaque: atingir uma taxa de 0,7% do PIB dos países desenvolvidos para assistência ao desenvolvimento de projetos para moradias e assentamentos humanos; atingir uma taxa de 0,15% do PIB dos países desenvolvidos para assistência aos países menos desenvolvidos e para os fundos internacionais para abrigo e programas de assentamentos humanos. Algumas outras diretrizes de implementação da própria Agenda Habitat se apoiam na cooperação internacional: a manutenção de um programa constante de avaliação dos programas por meio de indicadores que cobrirão áreas como moradia, saúde, transporte, energia, fornecimento de água, serviços sanitários, emprego, participação e responsabilidade local e participação de mulheres e grupos menos favorecidos; a coordenação da elaboração e aplicação dos princípios da Agenda Habitat nos países participantes, levando em consideração as características de cada sítio e auxiliando-os quando diante de restrições.

São buscadas diferentes formas de envolver os âmbitos público e privado (setores não lucrativos, organizações não governamentais e organizações das comunidades) na cooperação internacional e de garantir recursos adicionais para aumentar os esforços nacionais voltados para os objetivos do Habitat II. Para tanto, indica-se a criação e administração de um sistema financeiro internacional que conduza ao desenvolvimento de assentamentos humanos por meio de redução de riscos, crises financeiras e diminuição das taxas reais de juros, promovendo suporte para pessoas deslocadas, refugiados e outras que necessitem de apoio internacional, e dando prioridade na aplicação dos recursos à construção de abrigos e assentamentos. Também a exploração de meios para expansão das relações de cooperação sul-sul, inclusive com parcerias triangulares entre países desenvolvidos e subdesenvolvidos, e da comunicação internacional, a fim de facilitar a troca de experiências e pesquisas sobre tecnologias de construção apropriadas e políticas bem-sucedidas.

Compromissos da Agenda Habitat para o meio urbano

Promover o uso sustentável do solo. Com o rápido crescimento urbano e a necessidade de novas áreas ocupadas, é difícil conter a expansão e promover o correto uso do solo. Ainda mais com as demandas potencialmente contraditórias de habitação, indústria, comércio, infraestrutura, transporte, agricultura, e a necessidade de espaços verdes e áreas livres, além da proteção de ecossistemas frágeis. O que se deve fazer é manter um equilíbrio entre o desenvolvimento de áreas urbanas e o meio ambiente. A fim de evitar o crescimento desordenado, insalubre e não sustentável dos assentamentos humanos, é necessário garantir o melhor uso possível da terra e um desenvolvimento econômico mais equilibrado. Para isso, seguem as seguintes diretrizes dadas pelo Plano de Ação Global: proteger áreas relacionadas com o recurso natural *água* (aquíferos, costas e oceanos); promover uso correto de áreas urbanizadas, já com infraestrutura, garantindo uma densidade adequada antes de partir para a ocupação periférica; proteger e criar áreas verdes e vegetação em áreas urbanas e periurbanas – melhora a drenagem das chuvas, reduz a poluição do ar e melhora o clima; mobilizar recursos financeiros privados; promover boa administração do solo, que lide com a demanda competitiva por áreas para indústria, comércio, habitações, infraestrutura, transporte, áreas verdes e de lazer; desenvolver programas de informação e mapeamento de zonas.

Desenvolvimento social – erradicação da pobreza, criação de empregos e integração social. As cidades devem oferecer, a todas as pessoas e grupos sociais, habitação, trabalho, educação, serviços de saúde, espaços e equipamentos coletivos de lazer e cultura, públicos e privados, e apoiar as manifestações sociais e culturais que promovam a inclusão social. São diretrizes recomendadas: erradicar a pobreza com a criação de empregos, acesso a oportunidades econômicas, educação e treinamento, e acesso a serviços básicos; proibir a discriminação e práticas que excluam parte da população; oferecer oportunidades e espaço físico para interação positiva entre grupos; estimular a produção de ofertas de emprego que gerem renda suficiente para alcançar o padrão adequado de vida; estimular crédito e condições financeiras para os mais pobres ou pertencentes ao grupo dos vulneráveis; estimular a criação de estruturas que encorajem empresas a dar assistência ao desenvolvimento, ao mercado e à distribuição dos produtos da comunidade; considerar, no processo de planejamento, que mulheres e portadores de deficiência estão no setor informal de trabalho e usam suas casas como local de trabalho; desenvolver o potencial dos jovens por meio de treinamentos e educação; prevenir, reduzir e eliminar a violência e o crime por meio da educação e espaços de recreação e convivência, bem como o treinamento e preparação de líderes comunitários para resolução de conflitos e intervenções.
Desenvolvimento de assentamentos humanos sustentáveis e saudáveis. A formulação de planos de ordenamento do território e de desenvolvimento regional, bem como as questões referentes à dis-

tribuição da população, das atividades produtivas, dos investimentos em infraestrutura e serviços sociais no espaço nacional e regional deve ser decidida nos âmbitos nacional e estadual. Como são questões que afetam as condições de vida da população urbana e rural, a capacidade de planejamento e gestão do território, e o potencial de desenvolvimento local, o Plano de Ação Global do Habitat II faz algumas propostas para estes casos: estudar os movimentos da população; controlar a qualidade ambiental dos assentamentos humanos, a fim de diminuir o número de doenças e tratamento médico; diminuir e erradicar a emissão de material radioativo, poluentes orgânicos e a exposição de metais pesados; mudar o modelo de produção e consumo que gera desperdício e lixo, promovendo conscientização sobre reciclagem e reuso de materiais; projetar habitações que levem em consideração a vizinhança, observando segurança e características sociais, locais e ambientais nos assentamentos; estabelecer programas de combate às doenças; definir taxas e níveis ambientais a fim de facilitar o controle e a exposição da população à aplicação de tecnologias adequadas; promover a proteção do ambiente e restaurar áreas contaminadas; encorajar a aplicação de cinturões verdes ao longo de aglomerações urbanas e rurais; promover o uso de energia sustentável e renovável; coordenar o uso da terra e o planejamento de transportes, facilitando o acesso às necessidades básicas; combinar diferentes meios de transporte – pé, bicicleta, veículos públicos e privados; promover o uso de novos combustíveis e políticas de controle de emissão de poluentes.

Conservação e reabilitação do patrimônio histórico. Uma política local de preservação e valorização do patrimônio cultural do município ou região deve incluir, entre outras medidas e ações: integrar desenvolvimento a conservação e reabilitação; adotar medidas para reduzir a chuva ácida e outros tipos de poluição; dotar os edifícios preservados de acesso a deficientes.

Melhoria das economias urbanas. Esse é um dos maiores desafios para as administrações em geral: conjugar metas de crescimento econômico com desenvolvimento de políticas sociais, enfrentando ao mesmo tempo as dificuldades impostas pela globalização dos mercados. As diretrizes apontadas são: manter eficiente e melhorar os sistemas de transporte, informação e comunicação, bem como as ligações com outros centros urbanos; formar parcerias público-privadas; designar áreas para desenvolvimento de centros urbanos por meio de incentivos e acordos, parcerias; promover oportunidades para pequenas empresas, setores de cooperativas e pequenos negócios; e desenvolver os assentamentos rurais de forma balanceada, melhorando a qualidade de vida e trabalho, diminuindo a pressão nos centros urbanos.

Prevenção de desastres. A mobilização de recursos para estas ações afeta todos os níveis envolvidos no processo de desenvolvimento das cidades dependendo da causa, da extensão e das características dos desastres provocados pela ação dos elementos naturais ou pela ação humana. Desta forma, o equacionamento desses problemas requer a cooperação do governo e instituições em conjunto, não isoladamente, bem como a cooperação da sociedade civil organizada. Para tanto, é preciso: adotar normas apropriadas para ocupação, construção e planejamento, baseadas em diminuir a vulnerabilidade dos espaços a desastres; disseminar informações e tecnologia sobre métodos construtivos resistentes a desastres; adotar medidas para aumentar a resistência de infraestruturas importantes a desastres; promover programas e soluções para áreas de risco; planejar para desastres: armazenamento de comida, água, combustível e medicamentos; e identificar e apoiar programas de construção de habitações temporárias com facilidades básicas.

Fonte: The Habitat Agenda Goals and Principles, Commitments and the Global Plan of Action. Disponível em <www.unhabitat.org/downloads/docs/1176_6455_The_Habitat_Agenda.pdf>.

Plano de Ação Global da Agenda Habitat

O Plano de Ação Global da Agenda Habitat está focado, sob diversos prismas, na questão do direito à habitação, conforme se percebe em recomendações que abrangem desde aspectos de regulação, financiamento, direitos e gestão até os de caráter tecnológico ou metodológico. O caráter pragmático e operacional dessas recomendações e diretrizes confirma o quanto a II Conferência do Habitat avançou com relação às intenções lançadas no Habitat I de Vancouver, o que é ressaltado na comparação de eixos e temas que compõem a matriz analítica das Conferências UN-Habitat.

Merecem destaque as diretrizes que vinculam o acesso à moradia ao reconhecimento dos direitos sociais:

- permitir acesso à terra por meio de reformas administrativas e legislativas, principalmente para as mulheres, incluindo o direito à herança e ao crédito;
- aumentar a disponibilidade de moradias por meio da provisão de subsídios e aluguel para os mais pobres, bem como focar tanto o crescimento da demanda por moradias quanto o uso e a manutenção do estoque existente de propriedades privadas, alugadas e outros possíveis usos;
- criar programas transparentes de entrega de habitações, com a criação de mercado de trabalho (construção), regulamentação, regularização e melhora das moradias já existentes, garantindo acesso à terra e à propriedade, e erradicando barreiras sociais, culturais e legais;
- projetar e implantar modelos de habitação que permitam o acesso a todos implica também, conforme o Plano de Ação Global, o planejamento, desenho, construção, manutenção e reabilitação dos assentamentos, facilitando o fornecimento adequado de materiais de construção, tecnologias e recursos financeiros, aumentando a qualidade e diminuindo o custo de produção; o treinamento de pessoas para diversificar e aprimorar o estoque de mão de obra; e a promoção de métodos construtivos e tecnológicos adequados, encorajando a economia de energia.

As políticas habitacionais, segundo o Plano, devem estar integradas às políticas macroeconômicas, sociais, demográficas, ambientais e culturais, por meio de mecanismos de consulta com representantes de todos os setores envolvidos e aplicando políticas monetárias públicas para estimular os programas de habitação. Devem, inclusive, mobilizar fundos financeiros, além de encorajar a formação de cooperativas habitacionais que viabilizem a provisão de moradias de baixo custo.

Ecos da Conferência Habitat II, a Cúpula das Cidades

A Conferência das Nações Unidas sobre Assentamentos Humanos – Habitat II – realizada em Istambul, em 1996, parece ter tido tanto repercussão, quanto importantes significados. Marcada pelo contexto da urbanização crescente e problemática, o encontro seguiu a tônica da Eco 92, ampliando o espectro de setores representados. Ao agregar os setores não governamentais aos tradicionais setores político, técnico e acadêmico de representação, o Habitat II consagrou a temática da descentralização e valorização do poder local.

Ermínia Maricato afirma terem sido esses os paradigmas hegemônicos da Conferência, tratados nos seus diversos aspectos – das parcerias e da participação social –, e na polêmica questão da redução do Estado como regulador do meio urbano. Aponta também a importância da participação dos novos atores políticos no Habitat II, no sentido da construção de uma esfera política não estatal que se anteponha à tendência neoliberal de restrição à ação do Estado[39].

O reconhecimento do protagonismo da cidade demonstra as polêmicas presentes no evento de 1996. Se, por um lado, o rápido e intenso crescimento das cidades projeta um quadro crítico e problemático para a maioria da população do planeta – a quinta parte da população sem acesso à moradia e à infraestrutura básica, impossibilitando que a totalidade dos habitantes das cidades se constitua de cidadãos[40] –, por outro, na fase atual de desenvolvimento do capitalismo, a cidade é reforçada como *locus* estratégico da acumulação. É nas cidades que se apoia a estrutura dos mercados e da produção internacionalizados: autonomizando-se territorialmente dos estados nacionais e regiões, as cidades passam a representar a alternativa dinâmica, positiva e competitiva para o desenvolvimento.

Ainda que as conferências da ONU e suas recomendações não obriguem os Estados e os governos a cumprirem os compromissos assumidos, há sempre reflexos importantes na construção da opinião pública. Ante os temas apresentados em Istambul, a opinião pública não pode mais se omitir e passa a se ver como responsável pelas cidades, ao mesmo tempo, competitivas e excludentes. Os documentos aprovados no Habitat II passam, portanto, a ser vistos como ferramentas poderosas a serviço de quem aceita os compromissos.

O processo preparatório do Habitat II, amplamente aberto à discussão, foi estimulante, participativo e democrático. Em cada um dos países foram constituídos comitês para preparar planos nacionais, além de avaliar e estabelecer suas melhores práticas. Esse processo foi também compartilhado por representantes das organizações não governamentais e comunidades de base, pelas autoridades locais e pelo setor privado. Desse modo, as organizações não governamentais puderam apresentar diretamente – sem o intermédio de um país, como normalmente acontecia – emendas e proposições sobre os documentos oficiais, em especial no caso da Declaração de Princípios, Metas e Compromissos e do Plano de Ação Global, bem como defenderam diretamente suas propostas nas reuniões oficiais[41].

Os avanços conseguidos no Habitat II, desde sua preparação, repercutiram positivamente, significando ganhos em nossa realidade. É o que destaca Raquel Rolnik, ao relatar que a crítica ao modelo histórico brasileiro de gestão urbana emergiu nos preparativos para a Conferência de Istambul, durante o processo seletivo dos casos brasileiros de *Práticas bem-sucedidas de gestão* a serem levadas para o evento[42]. Parte das dezoito práticas indicadas pelo Brasil para compor a seleção internacional inovava no modelo de gestão democrática, introduzindo formas de participação direta da cidadania nos processos decisórios e apontando para a importância de governos locais e parcerias. Entre elas, a experiência do Orçamento Participativo de Porto Alegre vai integrar o conjunto das 43 melhores práticas do Habitat II.

Segundo Jorge Wilheim, a Conferência deveria se pautar pela transição em curso na história da humanidade, em especial a descontinuidade e o rompimento de múltiplas estruturas sociais e políticas tradicionais, abrindo a perspectiva de um século 21 renovado e urbanizado, onde a negociação de um novo contrato social aponta para a revisão dos papéis do Estado, do setor privado e da sociedade civil[43]. A Conferência deveria, na perspectiva de Wilheim, constituir parcerias entre atores que constroem e operam as cidades, e a ONU deveria abrir-se para além do fórum de governos, objetivando cada vez mais um encontro de nações.

Tendo como centro de preocupações o desenvolvimento de homens e mulheres em um meio ambiente saudável e estimulador das potencialidades, o Habitat II adotou dois objetivos: moradias adequadas para todos e desenvolvimento de assentamentos humanos sustentáveis em um mundo em urbanização. Ou seja, seu objetivo principal seria atualizar os temas e paradigmas fundamentais das políticas urbanas e habitacionais, com vistas a reorientar a linha de ação dos órgãos e agências de cooperação internacional para estes temas. Como resultado, o principal produto da Conferência seria a elaboração da Agenda Habitat[44].

O Habitat II, enfatizando recomendações da Agenda 21[45], deveria expressar que a sustentabilidade do planeta passava necessariamente pela sustentabilidade de suas cidades, territorializando localmente os temas abordados pelas conferências anteriores. Como forma de consolidar os paradigmas da descentralização e do poder local, a reunião se constituiu de diversos fóruns, entre eles o dos parceiros, formado por governos locais, organizações não governamentais, movimentos populares, sindicatos, parlamentares e acadêmicos. Teve também lugar a Assembleia Mundial das Cidades e Autoridades Locais.

A Agenda Habitat foi o documento aprovado consensualmente pelos países participantes da Conferência das Nações Unidas sobre Assentamentos Humanos – Habitat II, ocorrida em 1996 na cidade de Istambul. A Agenda é uma plataforma de princípios que deve traduzir-se em práticas. As atividades desenvolvidas no âmbito do Habitat contribuem para o objetivo global das Nações Unidas de reduzir a pobreza e promover o desenvolvimento sustentável dentro de um contexto em que o mundo avança aceleradamente para a urbanização. Os países, entre eles o Brasil, comprometeram-se a implementar, monitorar e avaliar os resultados do seu Plano de Ação Global.

As inovações de caráter mais participativo e democrático do processo do Habitat II podem ser percebidas tanto no documento Agenda Habitat como nos desdobramentos de questões que incorporaram a visão de um expressivo número de organizações não governamentais, como é o caso da agenda complementar dos países latino-americanos em desenvolvimento. Para esses, o futuro das cidades depende de necessidades irrefutáveis: democratização e descentralização do Estado, preservando e reforçando seu papel de promotor da cidadania e dos direitos à moradia e à cidade; reforço do poder local, possibilitando a promoção das políticas públicas e do desenvolvimento econômico; incentivo às parcerias entre o poder público, setor privado e as diversas organizações da sociedade, concomitante à valorização da cooperação internacional, sistemas e políticas de financiamento para países em desenvolvimento, com a finalidade de arrefecer o impacto social da globalização da economia[46].

Enfim, a formulação de um novo papel para o Estado e novas formas de relação com os demais atores que constituem as cidades são reflexos de uma das questões básicas da agenda de política urbana e habitacional. Defendeu-se a constituição de um novo contrato social baseado em solidariedade, convivência democrática e pluralidade.

capítulo 3
METAS DE DESENVOLVIMENTO DO MILÊNIO E O
UN-HABITAT: CONSTRUINDO CONVERGÊNCIAS DE
COMBATE À POBREZA

A Declaração do Milênio, aprovada pela Assembleia Geral das Nações Unidas em 2000, representa um marco para a consolidação progressiva do reconhecimento da relevância da questão urbana no contexto mundial, estabelecendo pontos de convergência na atuação do UN-Habitat expressos pela Meta 7, Alvo 11 (Goal 7, Target 11) que, sob os princípios da sustentabilidade ambiental, estabelece explicitamente o compromisso de melhoria das condições de vida de no mínimo 100 milhões de moradores de favelas no mundo.

Embora estas metas e alvos estejam direcionados especificamente para a amenização do enorme quadro de pobreza mundial – visualizada, entre outros aspectos, pela precariedade dos assentamentos humanos, entendidos em todas as suas formas, inclusive aquelas situadas em áreas de transição rural-urbana –, não se perde de vista que a cidade se configura como o maior receptáculo da pobreza, sendo o centro de atração de significativos fluxos migratórios nacionais e internacionais de populações socialmente vulneráveis. É, inclusive, o reconhecimento oficial deste fenômeno que direciona a transformação, em novembro de 2001, do antigo Centre for Human Settlements no renovado Programa das Nações Unidas para Assentamentos Humanos – UN-Habitat.

Ao situar a compreensão das Metas de Desenvolvimento do Milênio estabelecidas no Habitat II a partir de uma sequência de posicionamentos e eventos oficiais das Nações Unidas, pretende-se neste capítulo enunciar as direções e o amplo leque de atuações do UN-Habitat.

1. Arena de atuações pós-Habitat II

Reconhecidamente o UN-Habitat é a instância internacional responsável pelo monitoramento dos esforços dos Estados na implantação dos objetivos da Agenda Habitat, formulada no Habitat II em Istambul, em 1996. Sob as perspectivas desenvolvidas em torno de dois temas principais – *desenvolvimento sustentável em um mundo urbanizado* e *abrigos adequados para todos* –, foram traçadas algumas estratégias importantes: formação de parcerias; capacitação no interior dos grupos parceiros; adoção e disposição de formas de abordagens; ativação e suporte de mecanismos de participação; monitoramentos e avaliações com uso de indicadores adequados de tecnologia e informação[1].

Estabelecendo princípios, compromissos e um Plano de Ação Global, a Declaração de Istambul e a Agenda Habitat reiteram as abordagens e recomendações de desenvolvimento sustentável presentes no Capítulo 7 da Agenda 21, ao mesmo tempo em que reafirmam o reconhecimento do caráter distintivo do direito à habitação no conjunto dos direitos humanos, em função do enorme contingente mundial de grupos socialmente vulneráveis.

A partir desta data, e impulsionados pelos conteúdos dos debates, pelo espectro de organizações sociais atuantes e pelas decisões dessa Conferência, eventos subsequentes foram delineando novas formas de atuação.

Durante os anos 1990, o direito à habitação foi sistematicamente incorporado em constituições e legislações nacionais; discutido nas agências das Nações Unidas, passou também a constar nos instrumentos internacionais considerados exemplares: *Universal Declaration of Human Rights* e International Covenant on Economic, Social and Cultural Rights – ICESCR[2].

Em 1998, instituiu-se uma equipe de revitalização do UNCHS, que defendia uma comissão mais proativa, voltada para a promoção de um conjunto de campanhas relacionadas aos assentamentos humanos e seus reflexos nas cidades.

Reconhecendo especialmente a necessidade de criar um campo de ações efetivas e de repercussão ampliada, a Assembleia Geral das Nações Unidas adota em 1999 o documento *Strategic Vision Statement*, onde se definem novas estratégias de mobilização, entre elas, a implementação de campanhas de mobilização social, objetivando angariar consensos e levantar bandeiras em torno de questões específicas, entendidas como uma etapa prévia e necessária para a formulação de programas.

As duas campanhas – denominadas Global Campaign for Secure Tenure e Global Campaign on Urban Governance – ocorreram na Índia, na África do Sul e na América Latina, durante o ano 2000; na Jamaica, na Namíbia e nas Filipinas, em 2002; no Brasil, em outubro de 2003; e no Marrocos e em Burkina Fasso, em 2004. A primeira delas assume como tema específico as habitações informais, incluindo referências especiais à garantia do direito de posse da terra (*secure tenure*) e promoção do poder das mulheres. A este tema inicial de campanha, novas ideias foram acrescentadas, como o acesso a crédito e serviços, e o fortalecimento das organizações sociais. A segunda define como foco o fortalecimento dos governos locais no sentido da provisão de serviços básicos e de criação de mecanismos transparentes de gestão e de participação social.

Praticamente ao mesmo tempo, o UN-Habitat e o Banco Mundial lançam a Cities Alliance (maio de 1999) como uma associação de cidades comprometidas com a melhoria das condições de vida das populações pobres urbanas dos países em desenvolvimento. A associação estabeleceu inovações operacionais nas políticas urbanas e nos mecanismos de gestão, delineando o documento *Cities without Slums Action Plan*. Além de governos nacionais, inserem-se nesta iniciativa algumas associações internacionais como a IULA – Internacional Union of Local Authorities; a UTO – United Towns Organization; WACLAC – World Assembly of Cities and Local Authorities Coordination, e agências bilaterais de ajuda envolvendo dez países[3]. Até hoje a associação atua na mediação direta de instituições financeiras, agências de cooperação bilateral e multilateral e governos para viabilizar financiamentos e investimentos vinculados a estratégias de desenvolvimento local e redução da pobreza.

O movimento direcionado a novas estratégias de atuação culmina com a *Declaração do Milênio*, aprovada pela Assembleia das Nações Unidas em 2000, onde são detalhados diversos princípios, metas e compromissos decorrentes do Habitat II e de outras conferências e iniciativas das Nações Unidas realizadas durante os anos 1990.

Inserida em um processo mais amplo de revitalização da Organização das Nações Unidas perante as transformações mundiais, este documento reafirma os valores e princípios pelos quais esta instituição é pautada e os seus amplos objetivos relacionados com a manutenção da paz e da ordem mundial, definindo como prioritária a busca de alternativas diante das questões da pobreza mundial e do meio ambiente.

Composta por oito metas, dezoito alvos específicos e 41 indicadores, as metas de desenvolvimento do milênio aí definidas estão direcionadas às diversas manifestações da pobreza e expressam um reconhecimento oficial das dimensões exorbitantes e crescentes deste fenômeno na escala mundial. Representam ainda um compromisso internacional entre países, no sentido de gerar ações efetivas.

Declaração do Milênio

Aprovada no ano 2000 pelos 191 países participantes da Assembleia Geral das Nações Unidas – a Cúpula do Milênio, a maior reunião de chefes mundiais já ocorrida –, a Declaração do Milênio tem como base as reuniões regionais e o Fórum do Milênio. A Declaração está dividida em oito segmentos.

1. *Valores e princípios*. Disserta sobre o compromisso dos países que assinaram a declaração. Cita a liberdade, a igualdade, a solidariedade, a tolerância, o respeito pela natureza e a responsabilidade comum como valores fundamentais.

2. *Paz, segurança e desarmamento*. Possui o objetivo de libertar os flagelados de guerras, seja dentro ou entre Estados. Pretende também acabar com armas nucleares, consolidar o respeito às leis, melhorar a eficácia quanto à manutenção da paz

e da segurança. Cita medidas contra terrorismo internacional e os problemas das drogas.

3. *Desenvolvimento e erradicação da pobreza.* Objetiva melhorar as condições de vida dos menos favorecidos, seja na habitação, saúde, educação etc. Explica que cada país precisa de um bom governo e que os sistemas financeiros, monetários e comerciais devem ser transparentes, conformando um sistema previsível e não discriminatório. Prevê que seja levado em conta que os países menos desenvolvidos possuem necessidades especiais, como dívidas, sistemas de transporte, rendimentos, flagelados por doenças ou guerras.

4. *Proteção do meio ambiente comum.* Reafirma o apoio aos princípios da Agenda 21 e do Protocolo de Kyoto. Tem o objetivo de promover ações que protejam o planeta e acabem com a ameaça de deixá-lo sem recursos. Pretende adotar a ética de conservação nas medidas ambientais.

5. *Direitos humanos, democracia e boa governança.* Promove ações a favor da democracia, da Declaração Universal dos Direitos Humanos e da liberdade dos meios de comunicação, e contra a violência contra a mulher.

6. *Proteção de grupos vulneráveis.* Prevê ações de retorno rápido à normalidade para pessoas vítimas de catástrofes naturais, atos de genocídios, conflitos armados ou qualquer outra situação de emergência humanitária. Prescreve a intensificação da cooperação internacional e a partilha do fardo dos países que recebem refugiados, além do auxílio ao retorno e reintegração dos mesmos em suas localidades originais.

7. *Enfrentamento das necessidades especiais da*

África. Foca a ajuda na melhoria das estruturas políticas e na promoção do desenvolvimento sustentável, no enfrentamento da pobreza e das doenças infecciosas, tendo como fim último a integração da África na economia mundial.

8. *Promoção das Nações Unidas*. Reforçar o papel da instituição, tornando-a um instrumento mais eficaz na luta pelo desenvolvimento, contra a pobreza, a injustiça, a violência e a degradação do planeta.

Como cita o próprio documento, uma série de decisões é estabelecida:

- reafirmar o papel da Assembleia Geral como principal órgão deliberativo na adoção de políticas e de representação das Nações Unidas, dando-lhe os meios para que possa desempenhar esse papel com eficácia;
- redobrar os esforços para conseguir uma reforma ampla do Conselho de Segurança em todos os seus aspectos;
- reforçar ainda mais o Conselho Econômico e Social, com base em seus recentes êxitos, de modo a que possa desempenhar o papel que lhe foi atribuído pela Carta;
- reforçar a Corte Internacional de Justiça, de modo que a justiça e o primado do direito prevaleçam nos assuntos internacionais;
- fomentar a coordenação e as consultas periódicas entre os principais órgãos das Nações Unidas no exercício das suas funções;
- velar para que a Organização conte, de forma regular e previsível, com os recursos de que necessita para cumprir seus mandatos;
- instar o Secretariado, de acordo com as normas e procedimentos claros acordados pela

Assembleia Geral, a fazer o melhor uso possível desses recursos no interesse de todos os Estados-membros, aplicando as melhores práticas de gestão e tecnologias disponíveis, e prestando especial atenção às tarefas que refletem as prioridades acordadas pelos Estados-membros;
- promover a adesão à Convenção sobre a Segurança do Pessoal das Nações Unidas e do Pessoal Associado;
- velar para que exista uma maior coerência e uma melhor cooperação em matéria normativa entre as Nações Unidas, os seus organismos, as instituições de Bretton Woods e a Organização Mundial do Comércio, assim como outros órgãos multilaterais, tendo em vista conseguir uma abordagem coordenada dos problemas da paz e do desenvolvimento;
- prosseguir a intensificação da cooperação entre as Nações Unidas e os parlamentos nacionais, através da sua organização mundial, a União Interparlamentar, em diversos âmbitos, principalmente: a paz e a segurança, o desenvolvimento econômico e social, o direito internacional e os direitos humanos, a democracia e as questões de gênero;
- oferecer ao setor privado, às organizações não governamentais e à sociedade civil em geral mais oportunidades de contribuírem para a realização dos objetivos e programas da Organização.

Fonte: Declaración sobre las ciudades y otros asentamientos humanos en el nuevo milenio. Disponível em <http://www.cinu.org.mx/temas/desarrollo/dessocial/asentamientos/estambulmas5.doc>. Acesso em 3 fev. 2010. Tradução livre.

2. Como construir os compromissos

Em 2002, a UNCHS é elevada a UN-Habitat, programa estabelecido para congregar tanto a Comissão de Assentamentos Humanos como o Centro sobre Assentamentos Humanos no âmbito das Nações Unidas. Nessa ocasião, a ONU estabelece como pilar do UN-Habitat as questões urbanas relacionadas à habitação e ao desenvolvimento sustentável, e às campanhas decorrentes desses temas. A principal missão do Programa UN-Habitat passa a ser a promoção social e ambiental do desenvolvimento sustentável dos assentamentos humanos e a aquisição de abrigo adequado para todos.

Na sequência de eventos, a Assembleia Geral das Nações Unidas realiza uma sessão especial em junho de 2001, conhecida como Istambul + 5, objetivando apreciar e discutir – no âmbito dos Estados nacionais – definições de prioridades e ações voltadas para questões urbanas emergentes, incluindo acesso à habitação, mecanismos de governança, melhoria de qualidade de vida, serviços básicos, conflitos civis, entre outros.

O grande resultado desta reunião internacional foi a constatação de que, embora boas intenções na formulação de políticas habitacionais tenham se configurado, numerosos países se reconheciam incapazes de realizar implantações efetivas em decorrência de diversos problemas, salientando-se, por exemplo, instrumentos institucionais inadequados, falta de mecanismos de engajamento social direcionados às necessidades específicas das populações mais pobres, ausência de uma política efetiva de participação feminina, recursos financeiros limitados e pouca precisão nos alvos das políticas públicas.

O documento adotado por esta sessão especial, *Declaration on Cities and Other Human Settlements in the New Millennium*, reconhece a importância destes temas e a necessidade de renovação político-institucional dos governos para viabilizar a execução das metas acordadas.

O descompasso entre intenções e práticas revelado nesta reunião constitui um precedente importante para a posterior institucionalização dos Fóruns Urbanos Mundiais, pois evidenciou a necessidade de interlocuções periódicas entre os diversos atores sociais e políticos engajados com os compromissos firmados na instância das Nações Unidas, propiciando oportunidades de adequação de ações em um campo contencioso de forças políticas tanto nacionais quanto internacionais.

Ao mesmo tempo, é reforçado o papel internacional do UN-Habitat de provedor de assistência técnica aos governos e autoridades locais nas áreas relacionadas a habitação, desenvolvimento urbano, infraestrutura, planejamento ambiental, gestão de desastres, finanças municipais, segurança urbana etc. Caberia à instituição a criação de suportes para a minimização de toda e qualquer manifestação de pobreza urbana – habitações inadequadas, pouca infraestrutura e baixos níveis de serviços básicos.

Para Anna Kajumulo Tibaijuka, então diretora executiva do UN-Habitat, o crescimento exorbitante de favelas no mundo, especialmente nos países em desenvolvimento, vem reafirmar a importância estratégica desta instituição no contexto da Declaração do Milênio[4]. As favelas passam a ser assim o alvo privilegiado em torno do qual devem gravitar os programas, apoios operacionais, canalização de recursos financeiros e demais ações estratégicas de desenvolvimento das cidades.

Meta 7, Alvo 11: Cities without Slums

No conjunto, as oito metas e dezoito alvos definidos como Metas de Desenvolvimento do Milênio estabelecem focos específicos de atuação sobre um amplo espectro de manifestação da pobreza mundial: obter resultados favoráveis sobre as situações explícitas de carência alimentar, de precariedade de educação formal, de desigualdade de gênero e de oportunidades para jovens e mulheres, de proliferações de doenças sexualmente transmissíveis e mortalidade infantil situadas especialmente nos países em desenvolvimento. Estabelecem ainda algumas estratégias de caráter mais abrangente, envolvendo possíveis negociações e compromissos de responsabilidade internacional para o equacionamento da dívida externa de países em desenvolvimento e criação de oportunidades diferenciais para a sua inserção no mercado mundial, entre outros aspectos.

A Meta 7 – assegurar sustentabilidade ambiental – e o Alvo 11 – atingir significativa melhoria das condições de vida de pelo menos 100 milhões de habitantes de favelas até 2020 –, considerados como sendo de responsabilidade direta do UN-Habitat, ao mesmo tempo em que reafirmam os vínculos inerentes entre sustentabilidade ambiental e condições habitacionais e urbanas, traçam um contorno mais nítido do fenômeno denominado "urbanização da pobreza"[5]. Como já visualizado em análises realizadas por esta instituição, cerca de 2 bilhões de pessoas nos países em desenvolvimento vivem em regiões urbanas, contingente que deve dobrar nos próximos trinta anos. Neste panorama, os moradores de favelas constituirão, num futuro próximo, praticamente a metade da população mundial. Ou seja, as favelas representam não só a manifestação espacial do crescimento da pobreza, mas também uma evidência explícita de iniquidades urbanas que tendem a se agravar em função dos níveis de maior crescimento demográfico destas populações. A urbanização da pobreza em algumas regiões é explicitamente grave, como é o caso da região subsaariana africana, onde mais de 70% da população em 2001 já vivia em favelas, apresentando níveis extremamente elevados de vulnerabilidade, com altas taxas de mortalidade geral e, sobretudo, infantil[6].

A preocupação com uma definição operacional fez com que as Nações Unidas associassem ao Alvo 11 dois indicadores, como instrumentos operacionais para a estimativa de população-alvo beneficiada por programas e projetos específicos: o indicador 31 – proporção de pessoas com garantia de posse (da habitação e da terra); e o indicador 32 – proporção de pessoas com acesso a saneamento básico.

Reconheceram-se, posteriormente, as limitações práticas destes indicadores operacionais, uma vez que não existia, entre os países, consenso metodológico na própria definição do fenômeno. A favela, em sua expressão socioespacial, era reconhecida por variáveis muito diversas, como por exemplo, percentual de população morando em assentamentos informais; durabilidade, qualidade e tamanho das unidades habitacionais; nível de saneamento básico; serviços urbanos e outros. Ao mesmo tempo, o encontro do UN-Inter-Agency Development Group – UNDG, realizado em Nova York, em 2002, referenda a impossibilidade de utilização dos dois indicadores do Alvo 11, propondo em novembro daquele mesmo ano, em Nairóbi, uma definição mais genérica de favela como um assentamento contínuo de habitações e serviços básicos precários, frequentemente não reconhecidos oficialmente como parte integrante da cidade[7].

Associada a esta definição, e buscando-se formatar instrumentos de monitoramento, foram definidos cinco componentes de caracterização das favelas (*slums*): residência insegura; acesso inadequado a água; acesso inadequado a saneamento básico e a outras infraestruturas; baixa qualidade estrutural da habitação; e superaglomeração.

Considerando o empenho no monitoramento deste alvo, o UN-Habitat se reconhece, portanto, como o responsável pela tarefa de definir, aperfeiçoar e articular indicadores, dispondo-se a coletar dados estatísticos para estimar e caracterizar as favelas como um passo necessário para formular políticas e recomendações de ações em um nível global. Com este posicionamento, reafirma uma maneira de atuação compatível com o seu papel de mediadora entre países. Nesse sentido, a construção de compromissos para a realização das Metas de Desenvolvimento do Milênio que consubstanciam o apelo internacional de solidariedades e parcerias deve realizar-se em torno de ações concretas livres de imposições, cabendo a cada país a especificação de alvos adequados às suas condições e necessidades reais.

Metas e alvos de desenvolvimento do milênio
Meta 1 – Erradicar a extrema pobreza e a fome
Alvo 1 – Reduzir pela metade, entre 1990 e 2015, a proporção da população com renda inferior a um dólar por dia.
Alvo 2 – Reduzir pela metade, entre 1990 e 2015, a proporção da população que sofre de fome.

Meta 2 – Atingir o ensino básico universal
Alvo 3 – Garantir que, até 2015, todas as crianças, de ambos os sexos, terminem um ciclo completo de ensino básico.

Meta 3 – Promover a igualdade entre os sexos e a autonomia das mulheres
Alvo 4 – Eliminar a disparidade de gênero no ensino primário e secundário, se possível até 2005, e em todos os níveis de ensino, o mais tardar até 2015.

Meta 4 – Reduzir a mortalidade infantil
Alvo 5 – Reduzir em dois terços, entre 1990 e 2015, a taxa de mortalidade de crianças menores de cinco anos.

Meta 5 – Melhorar a saúde materna
Alvo 6 – Reduzir em três quartos, entre 1990 e 2015, o nível de mortalidade materna.

Meta 6 – Combater o HIV/Aids, malária e outras doenças
Alvo 7 – Até 2015, ter detido a propagação do HIV/Aids e começado a inverter a tendência atual.

Alvo 8 – Até 2015, ter detido a incidência da malária e de outras doenças importantes, e começado a inverter a tendência atual.

Meta 7 – Assegurar sustentabilidade ambiental
Alvo 9 – Integrar os princípios do desenvolvimento sustentável a políticas e programas nacionais, e reverter a perda de recursos ambientais.

Alvo 10 – Reduzir pela metade, até 2015, a proporção da população sem acesso permanente e sustentável a água potável.

Alvo 11 – Atingir significativa melhoria das condições de vida de pelo menos 100 milhões de habitantes de favelas até 2020.

Meta 8 – Estabelecer uma Parceria Mundial para o Desenvolvimento

Alvo 12 – Avançar no desenvolvimento de um sistema comercial e financeiro aberto, baseado em regras, previsível e não discriminatório. Inclui um compromisso de boa governança, desenvolvimento e redução da pobreza – nacional e internacionalmente.

Alvo 13 – Atender às necessidades especiais dos países menos desenvolvidos. Isto inclui tarifas e cotas de livre acesso para suas exportações; reforçar a redução da dívida dos países pobres altamente endividados; cancelamento da dívida bilateral oficial; ajuda oficial ao desenvolvimento para os países empenhados na redução da pobreza.

Alvo 14 – Atender às necessidades especiais dos países sem acesso ao mar e dos pequenos estados insulares em desenvolvimento.

Alvo 15 – Tratar globalmente o problema da dívida dos países em desenvolvimento, mediante medidas nacionais e internacionais de modo a tornar a sua dívida sustentável em longo prazo.

Alvo 16 – Em cooperação com os países em desenvolvimento, formular e executar estratégias que permitam que os jovens obtenham um trabalho digno e produtivo.

Alvo 17 – Em cooperação com as empresas farmacêuticas, proporcionar o acesso a medicamentos essenciais a preços acessíveis, nos países em vias de desenvolvimento.

Alvo 18 – Em cooperação com o setor privado, tornar acessíveis os benefícios das novas tecnologias, em especial das tecnologias de informação e de comunicações.

Fonte: <www.pnud.org.br/odm/index.php>. Acesso em 10 jan. 2008. Tradução livre.

3. UN-Habitat: escopo de atuação e perspectivas

As atividades do UN-Habitat direcionadas à consecução das Metas de Desenvolvimento do Milênio configuram um vasto campo de ingerência, oficialmente aprovado e reconhecido através de mecanismos político-institucionais internos e articulados no cerne da Organização das Nações Unidas.

Na sessão do seu Conselho Administrativo (Governing Council), realizada em Nairóbi, entre 5 e 9 de maio de 2003, é aprovada a Resolução 19/5, que endossa e reforça o papel estratégico do UN-Habitat na implementação e monitoramento do MDG 7, Alvo 11.

As estratégias adotadas envolvem um vasto escopo de atuações definido em quatro níveis: a) análises; b) campanhas de mobilização; c) atividades operacionais; d) monitoramento.

Análises

Esta atividade pressupõe a elaboração de diagnósticos sobre as condições dos assentamentos precários e desenvolvimento de estratégias de intervenção no âmbito da gestão municipal, considerando o envolvimento de todos os atores interessados[8].

As prioridades de pesquisa do UN-Habitat estão hoje focadas na produção de conhecimento sobre as condições das habitações precárias sob uma dupla perspectiva: estabelecimento de correlações entre os processos de urbanização e globalização; e avaliação das melhores práticas e políticas de melhoria das condições de vida das populações de favelas. As pesquisas situadas no âmbito dos processos de urbanização e globalização incorporam problemas específicos, tais como: favelas e urbanização da pobreza; garantia de posse; habitação de aluguel; direitos a habitação; exclusão social, entre outros. As pesquisas sobre melhores práticas situam as mesmas questões, buscando analisar políticas e projetos aplicados em diferentes cidades. Os resultados destas pesquisas são periodicamente divulgados através de duas publicações: *Global Report on Human Settlements* e *The State of the World's Cities Report*.

Campanhas de mobilização

Com aportes de experiências anteriores, inseridas em um grande programa denominado The Millennium Campaign, as campanhas estão dirigidas à mobilização da opinião pública nacional e internacional, visando angariar apoios políticos em torno dos objetivos e princípios da Declaração do Milênio. Com temas predefinidos e com escolha de uma cidade para o lançamento da campanha, esta atividade configura um esforço de trabalho coletivo entre organizações sociais, autoridades locais, profissionais e governos nacionais, no sentido de criar visibilidade pública à capacidade de ação destes atores em torno de necessidades locais consideradas estratégicas.

As campanhas Global Campaign for Secure Tenure e Global Campaign on Urban Governance se mantêm como articuladoras da mobilização em torno das Metas de Desenvolvimento do Milênio, em especial do Alvo 11. Articuladas com as atividades operacionais e com o desempenho dos escritórios regionais, buscam incitar a participação ampliada dos setores sociais – inclusive das populações pobres nos temas inclusos – e sensibilizar os governos no sentido da adoção de reformas legislativas que propiciem instrumentos mais eficientes de política urbana e habitacional.

Atividades operacionais

Também denominadas Operational Country-Level Activities, as atividades operacionais são coordenadas em todas as agências pelo Grupo de Desenvolvimento das Nações Unidas e representam apoios diversos aos países para a concretização de políticas específicas. Articuladas às campanhas de mobilização, este campo de atuação envolve programas de capacitação e elaboração de projetos urbanísticos, especialmente urbanização de favelas.

Os escritórios regionais do UN-Habitat constituem a estrutura de viabilização destas atividades, desempenhando funções relacionadas ao estabelecimento de cooperação técnica em programas e projetos de demanda local e nacional, e de racionalização das campanhas internacionais nestas escalas[9].

Monitoramento

A ação de monitoramento – entendida como o conjunto de procedimentos dirigidos ao acompanhamento do estágio de implementação das Metas de Desenvolvimento do Milênio – é aplicada em dois níveis: no âmbito internacional, por relatórios do Secretário-Geral das Nações Unidas, do Projeto Milênio e da Campanha Global do Milênio; e, no âmbito dos países, por meio de relatórios sobre a implementação das Metas, de estudos nacionais sobre estratégias, investimentos e financiamentos, campanhas ou movimentos e atividades operacionais.

Manipulando dados quantitativos e qualitativos sobre as condições nacionais e internacionais, o monitoramento do UN-Habitat é realizado por meio do Global Urban Observatory – GUO e do Best Practices and Local Leadership Sections – BPLL, em parceria com inúmeras agências, tais como Banco Mundial, Regional Economic Commissions, Bancos de Desenvolvimento, USAID, US Census Bureau, Statistics Canada World Bank e outros centros de excelência no mundo[10].

Por meio do panorama traçado, que permeia desde as escalas internacionais até as locais, é possível inferir que esta ampla ramificação de atuações do UN-Habitat consolidou-se a partir do enfoque traçado pela Organização das Nações Unidas nas Metas de Desenvolvimento do Milênio, no sentido de adequar o seu papel de mediação às novas contingências econômicas e políticas do mundo urbanizado e globalizado. Reafirmado pela resolução de Nairóbi, em 2003, o UN-Habitat fortalece a sua estruturação interna para o desempenho das funções de assessoramento e monitoramento internacional da Meta 7 e do Alvo 11, considerando que este papel representa um processo contínuo e flexível.

capítulo 4
FÓRUNS URBANOS MUNDIAIS: AÇÕES EM PROCESSO

Os Fóruns Urbanos Mundiais consubstanciam, ao lado de outras ações, uma modalidade de atuação da Organização das Nações Unidas para a questão dos assentamentos humanos articulada em dois grandes instrumentos: a Agenda Habitat e a Declaração do Milênio.

Institucionalizados por determinações da Assembleia Geral das Nações Unidas com o objetivo de estabelecer suportes de aconselhamento à Diretoria Executiva do UN-Habitat, os Fóruns vêm ocorrendo bianualmente desde 2002.

Nos aspectos institucionais, sua implantação responde ao parágrafo 10 da Resolução 18/5 da Comissão sobre Assentamentos Humanos que determina a fusão do Fórum Urbano Ambiental e do Fórum Internacional sobre a Pobreza Urbana visando o fortalecimento da coordenação para a implantação internacional da Agenda Habitat. Com base na Resolução 56/205 e, mais especificamente, na Resolução 56/206[1], ambas aprovadas pela Assembleia Geral das Nações Unidas, o Fórum Urbano Mundial é estabelecido como instância de interlocução técnica e não legislativa, possibilitando trocas de ideias e envolvimento das autoridades e outros parceiros do UN-Habitat nos anos em que o seu Conselho Administrativo não se reunir.

Ao configurarem um instrumento de aproximação internacional, acolhendo posicionamentos, debates e propostas provenientes das representações governamentais e dos diversos setores da sociedade civil dos países-membros, a análise dos Fóruns Urbanos Mundiais permite identificar a complexidade dos problemas urbanos contemporâneos e a gestação de paradigmas de atuação em um campo histórico de tensões múltiplas, que demandam redefinições institucionais, políticas e outras competências que cercam as políticas públicas urbanas.

Buscando apresentar os contornos destes desafios, o presente capítulo destaca as ideias e debates dos três Fóruns Urbanos Mundiais realizados em 2002, 2004 e 2006, respectivamente nas cidades de Nairóbi, Barcelona e Vancouver. Cada um deles, ao se debruçar sobre estes desafios, reafirma discursos de consenso em relação aos compromissos internacionais de combate à urbanização da pobreza em várias partes do mundo e desnuda as descontinuidades de práticas efetivas na direção destes alvos. Os temas específicos adotados nestes eventos buscam direcionar as discussões nucleares, sinalizando, ao mesmo tempo, problemas emergentes e as vastas intersecções da pobreza no contexto urbano.

1. Fórum Urbano Mundial. 1ª Sessão: "Transição para um mundo urbano", Nairóbi, 2002

Nesta primeira sessão, realizada em maio de 2002, na cidade de Nairóbi, estiveram representados 81 países, 124 organizações não governamentais, 30 instituições profissionais de pesquisa, 24 empresas privadas, entre outros, totalizando 1195 participantes.

No discurso de abertura, Anna Tibaijuka – diretora executiva do UN-Habitat – salientou que o objetivo principal do Fórum Urbano Mundial era traçar encaminhamentos de atuação para a mais importante mudança deste século: a transição para um mundo urbano[2]. Considerando o panorama mundial, tanto as relações rural-urbanas como as migrações internas parecem se colocar ainda como problemas contextuais importantes, uma vez que, em seu discurso, Tibaijuka salienta a dimensão especialmente problemática das cidades em países da África e da Ásia, onde as pressões demográficas provenientes das áreas rurais se defrontam com a ausência de mínimas condições urbanas para a recepção de novos contingentes populacionais. Ao mesmo tempo, em consonância com os objetivos formais do encontro, a diretora executiva destaca a oportunidade para a proposição de modelos alternativos de gestão urbana e de novas ideias em torno de possibilidades de cidades mais saudáveis, seguras, inclusivas e democráticas.

A junção dos temas de origem – pobreza e meio ambiente – define a articulação dos trabalhos aí desenvolvidos e permite a expressão de ideias nem sempre convergentes sobre os desafios urbanos, em um contexto onde os processos econômicos globalizados já se encontravam consolidados.

Além da formação do Advisory Group, foram estabelecidos dois grandes fóruns internos de discussão: os "Diálogos temáticos" e os "Diálogos sobre urbanização sustentável".

Diálogos temáticos

Os "Diálogos temáticos" adotam como referência três grandes aspectos constantes dos itens de 5 a 8 da Agenda Habitat: direito social à cidade; pobreza e vulnerabilidade urbanas; e descentralização político-administrativa. A articulação destes temas se desdobra em sete diálogos: 1) campanha global sobre governança urbana: o direito à cidade; 2) cidades sem favelas; 3) descentralização; 4) cooperação entre cidades; 5) papel internacional das organizações não governamentais; 6) campanha global de garantia de posse da terra; 7) monitoramento e assessoramento. Considerando as repercussões positivas e o amplo debate em torno dos posicionamentos levados pela representação brasileira neste Fórum, os dois primeiros diálogos merecem destaque especial.

O primeiro deles, "Governança urbana e direito à cidade", foi embasado em relatório da diretora executiva do UN-Habitat e no documento brasileiro O estatuto da cidade[3].

Dedicado à memória de Celso Daniel, prefeito de Santo André[4], este diálogo teve expressiva participação de Raquel Rolnik, representante do Fórum Brasileiro de Reforma Urbana. Na apresentação temática, as questões sociais levantadas foram direcionadas aos problemas de inclusão urbana, salientando a necessidade de se criar um estatuto legal internacional de caráter semelhante ao institucionalizado no Brasil. Ou seja, propunha-se traduzir as proposições brasileiras de inclusão social formuladas no Fórum Social Mundial em um quadro jurídico como suporte ao planejamento urbano. O Estatuto da Cidade é assumido como exemplo arrojado de amplo alcance, onde se combinam uma legislação baseada na função social da cidade, instrumentos de gestão territorial que impedem a especulação, procedimentos de regularização de posse da terra e requisitos necessários de participação social[5].

Muitos posicionamentos críticos expressos na ocasião vinculam o crescimento substancial da exclusão social nas cidades – cujos reflexos se evidenciam no aumento das discrepâncias entre ricos e pobres, na expansão de condomínios fechados, fortalecendo a segregação socioterritorial e, sobretudo, no surgimento de uma nova classe urbana de não cidadãos – à vigência de paradigmas neoliberais. Os mesmos críticos destacam que estes paradigmas, em especial os ajustes fiscais que propõem, são incompatíveis com uma boa governança urbana.

Ao mesmo tempo, alguns participantes reivindicam posturas menos radicais, apontando para a necessidade de conciliação entre Davos e Porto Alegre, uma vez que a promoção da cidade enquanto agente econômico deve ser, ao mesmo tempo, produtiva e inclusiva.

As questões da participação política são amplamente debatidas, incluindo as dificuldades de consolidação de uma cultura cívica capaz de exercer um controle social sobre a corrupção e sobre os processos de cooptação política e fundamentar prioridades nas políticas governamentais. Apesar de alguns participantes focarem situações concretas de declínio de participação nos países do norte e mesmo o baixo controle social sobre as políticas públicas existente no Brasil, evidencia-se no geral um consenso sobre a necessidade de se fomentar uma "nova cultura cívica", concebida como um processo passível de ser construído e que depende, entre outros aspectos, de capacitação da população e de possibilidades de acesso a informações.

As conclusões formalizadas destacam: a importância do papel dos governos nacionais na criação de sistemas de parcerias público-privadas; a importância do acesso à terra como um fator fundamental de inclusão social, situado em um campo de conflitos políticos; que regulamentações de caráter social são fundamentais, mas quando excessivas desestimulam atividades privadas e facilitam a corrupção[6].

O segundo diálogo, "Cidades sem favelas", é considerado o debate mais importante deste evento, na medida em que coloca em foco um dos objetivos estratégicos da Declaração do Milênio – a questão da pobreza –, cuja exposição ao debate público representa um reconhecimento oficial deste fenômeno como um problema de escala mundial. Tal como assinalam os documentos da apresentação temática, os resultados mais significativos da rápida urbanização, particularmente nos países em desenvolvimento, têm sido o crescimento de favelas e de assentamentos informais, o que torna inevitável a visibilidade da pobreza no mundo e seu reconhecimento pelas instituições e lideranças internacionais por meio da Declaração do Milênio[7].

Realizado em duas sessões, o segundo diálogo conta com a participação brasileira representada por Paulo Teixeira, então Secretário de Habitação e Desenvolvimento Urbano da Prefeitura do Município de São Paulo.

No conjunto das argumentações desenvolvidas neste diálogo, configuram-se ideias urbanísticas que questionam o modelo de cidade extensiva e apelam para a necessidade de um planejamento urbano dotado de instrumentos de regulação eficientes para o controle do crescimento progressivo de assentamentos precários nas cidades.

Os objetivos traçados pela Declaração do Milênio de melhoria das condições de vida de no mínimo 100 milhões de indivíduos no ano 2020 merecem uma consideração especial e defende-se a adoção de uma abordagem focada em duas direções: uma, relacionada às áreas já ocupadas por favelas e por outros tipos de assentamentos precários; outra, direcionada à contenção de novas ocupações em áreas desprovidas de recursos urbanos básicos. Em ambas as situações, embora a oferta de habitações seja considerada uma necessidade premente, a causa fundamental destas iniquidades urbanas – a inexistência de instrumentos adequados de política fundiária – é que deve ser atacada. Equivale a afirmar a necessidade de projetos de intervenção embasados por uma perspectiva urbanística que considere os processos urbanos mais amplos.

No caso das favelas existentes, preconizam-se, sobretudo, propostas de regularização fundiária voltadas para a sua integração no tecido urbano, envolvendo não apenas habitação, mas também estratégias de redução da pobreza e implantação de infraestrutura e serviços. As remoções são vistas como recursos extremos, somente aplicáveis em áreas inadequadas à habitação, sujeitas a risco e ao comprometimento do meio ambiente natural. Tendo em conta as especificidades de cada favela, este enfoque pressupõe pesquisas técnicas aprofundadas e, especialmente, a participação da população envolvida.

Em relação à provisão de novas unidades habitacionais, além da prioridade de serem financeiramente acessíveis, defende-se especialmente a sua localização em áreas já consolidadas e integradas ao tecido urbano, onde existam, portanto, oportunidades de trabalho e serviços básicos. Revelam-se nestas ideias alguns elementos importantes da concepção de sustentabilidade urbana, que incluem medidas e estratégias simultâneas de amenização das condições de pobreza e otimização das infraestruturas urbanas já existentes, contrariando tendências históricas de um número expressivo de cidades no mundo, marcadas por uma expansão fragmentada.

Nessa mesma direção, o combate às condições de pobreza implica necessariamente a produção de um conhecimento consistente sobre os segmentos socialmente vulneráveis, admitindo-se de antemão a sua não homogeneidade e a importância da identificação de suas percepções e prioridades. Coloca-se com especial atenção a população de idosos e os afetados por alguns tipos de doenças, que tendem a comprometer a capacidade de trabalho dos indivíduos em diversas faixas etárias.

Ao lado dos instrumentos de regulação fundiária, temos a valorização dos processos participativos, sobretudo por seus efeitos sinérgicos nas intervenções urbanas. Ou seja, a articulação de atores locais: organizações sociais, prestadores de serviços, agentes privados e instâncias de governo tendem a congregar parceiros externos, quer como apoio técnico, quer como suporte financeiro, o que implica quase sempre necessárias reformas institucionais, com outra perspectiva de atuação[8].

As propostas alinhavadas, consideradas como enfoques programáticos, pressupõem programas de longo prazo de melhoria e de desenvolvimento urbano e, sobretudo, a cooperação entre governo nacional, autoridades locais e sociedade.

As ideias apresentadas nos "Diálogos temáticos" estão permeadas por questões conjunturais relativas aos processos de redefinição das regulamentações político-institucionais que acompanharam a mudança do papel do Estado no contexto das novas condições da economia globalizada. É justamente neste sentido que, do ponto de vista das questões sociais e urbanas, as diretrizes aí preconizadas referenciam as propostas apresentadas pelo Brasil, em especial, o Estatuto da Cidade e os instrumentos de descentralização política, como exemplos de possibilidades de transição democrática, de fortalecimento do poder local e de ampliação da participação social.

Por fim, vale ressaltar que em alguns outros diálogos temáticos destaca-se também a presença da representação brasileira, como é o caso do Diálogo 3, "Descentralização", com a participação da professora Celina Souza, da Universidade de São Paulo; do Diálogo 4, "Cooperação entre cidades", com Aser Cortines, diretor da Caixa Econômica Federal; e do Diálogo 6, "Campanha global de garantia de posse da terra", com Maria Lucia Leite, representando o governo municipal do Rio de Janeiro.

Diálogos sobre urbanização sustentável

As discussões dessas sessões do Fórum Urbano Mundial de 2002 articulam temas específicos: o conceito de cidade sustentável; o papel das cidades no desenvolvimento sustentável; a dimensão rural da sustentabilidade urbana; os problemas de saúde no nível local, com destaque para HIV/Aids; e as questões da pobreza urbana, e disponibilidade de água e saneamento básico para as pessoas inseridas nesta condição.

Os relatos oficiais destes diálogos esclarecem que as recomendações propostas nestes temas não refletem consensos de ideias, mas pontos de vista de alguns participantes e parceiros do encontro, tendo em vista os objetivos de se aprofundar a reflexão sobre o papel das cidades no âmbito das questões ambientais.

Do ponto de vista conceitual, a urbanização sustentável é encarada como um processo multidimensional, incluindo não apenas os aspectos físico-naturais do ambiente, mas também as suas dimensões sociais, econômicas e político-institucionais, colocadas igualmente para todo o tipo de assentamento humano, desde os localizados nos espaços rurais até os espaços metropolitanos.

Neste enfoque, reconhece-se não apenas os vínculos entre as cidades e o seu contexto físico ambiental nas várias escalas – local, metropolitano/regional, nacional e mundial –, mas também as interações entre estas escalas, entendidas como um processo único e abrangente, descartando-se, assim, as visões tradicionais de oposição entre o rural e o urbano. Com isso, as migrações nacionais e internacionais podem ser vistas como exemplo de processos abrangentes relacionados à sustentabilidade urbana.

Coerente com esta concepção alargada, a pobreza, as desigualdades sociais e a exclusão são vistas como aspectos centrais nas considerações de urbanização sustentável e estabelecem, entre outros aspectos, fortes relações com a proliferação de doenças transmissíveis, como é o caso do HIV/Aids.

Na busca de uma perspectiva para a urbanização sustentável, atribui-se fundamental responsabilidade às autoridades locais na gestão de alternativas que envolvam participação dos diferentes setores sociais. Assim, consideram-se como características de uma boa governança: a) a democratização das decisões, incluindo mulheres e pobres; b) a autonomia municipal dotada de instrumentos financeiros e de regulação político-institucional; c) a reforma do setor público; d) a descentralização de recursos e poder; e) parcerias voltadas para a sustentabilidade.

Em síntese, firma-se em 2002 o reconhecimento de que a urbanização é um processo dinâmico, interconectado e de difícil controle, concretizado na escala mundial e que, por isso mesmo, os problemas da pobreza e das iniquidades sociais que afetam as cidades dos países em desenvolvimento tendem a produzir efeitos ampliados sobre todas as outras.

Ao mesmo tempo, reafirma-se a importância estratégica das cidades enquanto centros de inovação e crescimento, no jogo de forças econômicas e políticas que opera igualmente na escala planetária. Porém, as situações de pobreza e iniquidades sociais vêm desnudar as tensões deste mesmo jogo, explicitando facetas importantes de insustentabilidade das cidades[9].

2. Fórum Urbano Mundial. 2ª Sessão: "Cidades: um lugar de culturas, inclusão ou integração", Barcelona, 2004

O encontro de Barcelona em 2004 representa o ápice do percurso dos Fóruns Urbanos Mundiais entre 2002 e 2006. Estiveram presentes autoridades públicas de grande expressão – como o ex-presidente da União das Repúblicas Socialistas Soviéticas, Mikhail Gorbachev, os presidentes da Finlândia e do Conselho de Ministros do Líbano, entre outros representantes de governos nacionais – e diversos intelectuais de renome internacional. Mas, além das presenças destacadas, que garantiram grande repercussão para o evento, a importância do evento dá-se, sobretudo, porque durante os debates a questão urbana assume contornos bem definidos, como um fenômeno de exorbitante dimensão mundial, progressivamente convergente no sentido econômico e social e, ao mesmo tempo, multifacetado e fragmentado.

Se, em 2002, o enfoque da pobreza urbana estava atrelado à formulação de arranjos institucionais de gestão, como um problema conjunturalmente emergente que se impunha na esfera política ante as novas composições produtivas globais, em 2004 o urbano se ramifica em uma trama complexa, incorporando dimensões anteriormente consideradas marginais, como aquelas relacionadas à cultura e à identidade, que se expressam no próprio tema do II Fórum: Cidades: um lugar de culturas, inclusão ou integração[10].

Inserido em uma série de eventos culturais realizados em Barcelona durante o encontro de 2004, este Fórum reúne também um número comparativamente maior de participantes (4.389 inscritos) em seus diversos segmentos, mais da metade deles composta por indivíduos sem filiação representativa, situação que expressa a grande atratividade pública do evento. Entre os diversos segmentos, dois se destacam com um percentual equivalente de aproximadamente 20% da participação total: o poder público (classificado nas estatísticas do Relatório como *governo* e *autoridades locais*), ampliando significativamente seu peso em comparação com o evento anterior de 2002; e as Organizações Não Governamentais, com seus 535 representantes.

Os discursos de abertura definem alguns conteúdos temáticos internacionais, que ganham grande destaque graças à enorme repercussão pública do evento. O papel das autoridades locais é enfaticamente salientado por Joan Clos, prefeito de Barcelona e presidente do Comitê Consultivo de Autoridades Locais para as Nações Unidas (United Nations Advisory Committee of Local Authorities – UCLG), fórum criado em maio de 2004. Reportando-se ao Habitat II, evidencia que a concretização dos ideais de maior autonomia local formulados no evento de 2002 vem se ampliando, conforme se verifica com o fórum recém-criado. Clos tece ainda menções especiais aos prefeitos de Lisboa, Santiago, São Paulo, Johannesburgo, Cidade do Cabo, Paris e Londres, e relembra que em muitos países os governos locais não são eleitos, não possuem independência financeira e não dispõem de recursos tributários específicos para sustentar políticas e programas autônomos, o que evidencia a importância da atuação do UCLG.

Na mesma direção, o pronunciamento de Olívio Dutra, então Ministro das Cidades do governo brasileiro, coloca em pauta a gestão urbana como um problema de significativa importância internacional, pressupondo a necessidade de formas de cooperação financeira e processos compartilhados de reconstrução democrática, onde o papel do Estado, a despeito de suas significativas transformações, continua necessariamente estratégico. Nos aspectos da cooperação internacional, enfatiza a necessidade do estabelecimento de pactos e alianças entre as cidades para a promoção de habitação e saneamento, propondo que os apoios financeiros não sejam computados nas dívidas externas dos países receptores. Diante dos processos evidentes de competição econômica, afirma que as cidades devem estreitar cooperações, sob novas concepções de planejamento urbano que coloquem como centrais objetivos sociais de acesso à terra. Dutra justificou ainda, em declarações anteriores, a dimensão dos problemas urbanos no Brasil, uma vez que 60% dos moradores que vivem nas áreas urbanas se concentram em 224 municípios com mais de 100 mil habitantes, enfatizando os problemas de infraestrutura e saneamento.

As questões de tolerância e paz mundial estão presentes, entre outros, no discurso de Mikhail Gorbachev, que encara o Fórum de Barcelona como de interesse contemporâneo da comunidade internacional, uma vez que os problemas da urbanização não podem mais ser resolvidos isoladamente e com enfoques tradicionais. Há necessidade de unir esforços das organizações internacionais e repensar conjuntamente novas direções para as políticas locais. Ao mesmo tempo em que os desafios do século 21 – segurança, pobreza e meio ambiente – exigem esforços conjuntos, existe hoje, segundo o ex-líder soviético, um reconhecimento geral de que ainda não se dispõe de objetivos políticos suficientes para se atender às diretrizes da Declaração do Milênio, tampouco as lideranças que se comprometeram com este documento têm assumido suas obrigações.

Anna Tibaijuka destaca a presença do ex-presidente e o seu importante papel na disseminação da democracia e das liberdades individuais no mundo, enfatizando especialmente as contribuições do Habitat no sentido de reunir, com os mesmos objetivos e em um mesmo local, uma enorme diversidade de pessoas e de culturas.

Com efeito, a diversidade cultural em seus múltiplos aspectos e dimensões, inserida nos processos contemporâneos de urbanização é o tema por excelência do Fórum Urbano Mundial de 2004, em Barcelona, tal como expressam os conteúdos

dos debates estabelecidos na ocasião. A articulação do Fórum é feita em dois grandes blocos: "Diálogos entre parceiros" e "Diálogos temáticos", incluindo-se, no primeiro, questões sobre cultura, governança, realidades e renovação urbana e, no segundo, temas específicos de melhoria das favelas, recursos e serviços urbanos vinculados à discussão sobre sustentabilidade.

Diálogos entre parceiros

Estes diálogos objetivam realizar a difusão e a troca de ideias em torno de práticas consideradas exemplares adotadas por diversas cidades no mundo em torno dos temas selecionados. É importante notar que as questões culturais permeiam todos eles, sendo um foco de espelhamento de alguns processos sociais emergentes – entre outros, a mobilidade demográfica mundial, a liderança comunitária das mulheres e o papel dos jovens –, aglutinando assim temas étnicos, etários e de gênero.

Especificamente, as diversas dimensões destes assuntos são colocadas em xeque por personalidades de renome como Jordi Borja, da Universidade de Barcelona, Michael Cohen, da New School University de Nova York, e Kermer Norkin, assessor do prefeito de Moscou, entre outros[11].

Em seus múltiplos significados, a cultura sugere a capacidade que a sociedade tem de sobreviver e se adaptar às mudanças e se manifesta na sua relação com o passado e com a construção de perspectivas de futuro. Neste enfoque, considera-se que a globalização tem induzido uma diversificação e um enriquecimento da cultura nas cidades, estruturando o que se costuma chamar de "economia simbólica", ou seja, um conjunto de ideias, práticas, lugares e símbolos disseminados no corpo social. Ao mesmo tempo, o aparecimento de "culturas estranhas", trazidas por imigrantes que se deslocam no espaço internacional, tem resultado em tensões, medos e polarizações sociais[12].

Neste sentido, muitas cidades no mundo se tornaram multiculturais e multiétnicas e ainda assim se defrontam com desconfianças de que a incorporação destas novas influências possa vir a comprometer as suas identidades culturais históricas. Se, por um lado, a migração internacional é uma dimensão importante da globalização contemporânea, reafirmando o caráter cosmopolita das cidades, por outro, observa-se a proliferação de guetos étnicos e processos de isolamento social.

Destaca-se que a ingerência da globalização na cultura é um fenômeno de mão dupla, pois ao mesmo tempo em que potencializa a homogeneização, sobretudo através das tecnologias de informação e comunicação, que facilitam o acesso global às imagens culturais padronizadas, acirra tensões e resistências dos particularismos. Estes posicionamentos enfatizam igualmente o papel de crescente importância ocupado pela cultura na captação de benefícios econômicos através do turismo, fruto de uma estratégia de desenvolvimento urbano que se materializa nos emblemáticos centros culturais e projetos de preservação e recuperação histórica das cidades.

Muitas observações postas no debate são consideradas estratégicas, entre elas: a necessidade de se estabelecer conexões entre cultura e os mais diversos aspectos urbanos, como habitação, infraestrutura e gestão; a busca da coesão urbana no espaço regional, definindo interesses e projetos específicos, considerando as identidades que se configuram nesses territórios; considerar políticas e programas urbanos em um meio de preservação da herança cultural das comunidades locais; promover a convivência étnica decorrente das migrações através de programas de inclusão social que respeitem as diversidades culturais. Como exemplar, salienta-se o caso de um projeto urbano de preservação histórica desenvolvido no Laos com a participação das comunidades locais.

No tema específico – Realidades urbanas (Urban Realities: Outstanding Policies and Legislation in Implementing the Habitat Agenda and Attaining the Millennium Development Goals – MDGs) –, reúnem-se vários estudos de casos de cidades de países diversos, como Marrocos, Brasil, China, África do Sul, Filipinas e Espanha, destacando-se aí implantações de legislação e gestão inovadoras em projetos de inclusão social. Silvia Andere, representando o poder público de Belo Horizonte, é responsável pelo relato do caso brasileiro, o projeto Profavela. Baseado na legislação federal em vigor, que flexibiliza a legislação local de modo a garantir uma intervenção de caráter oficial, é um projeto que se caracteriza por um processo específico de negociações entre os atores envolvidos – autoridades públicas, provedores de serviços urbanos básicos e população moradora – visando a regularização fundiária e a urbanização da favela.

Na maioria dos outros casos, os projetos seguem uma direção similar de regularização fundiária e provisão de saneamento básico e habitação, com ênfases específicas em um ou outro aspecto. O caso espanhol destaca-se neste conjunto por ser um projeto de recuperação histórica da cidade de Santiago de Compostela, ocorrido em 1980, exposto como um exemplo de bons resultados de utilização da cultura como estratégia de desenvolvimento urbano. A cidade, anteriormente marcada por um movimento considerável de esvaziamento populacional e degradação do patrimônio histórico em sua área central, é revitalizada economicamente, graças a um exemplar projeto de requalificação urbana, que se baseia na ação integrada de autoridades locais, iniciativa privada e população de baixa renda. A intervenção de renovação da cultura local foi fator vital para impulsionar o desenvolvimento do turismo e o crescimento de recursos tributários. No geral, todos os casos apresentados visam firmar a inovação na escala local como uma das ideias fortes do encontro de 2004.

A ideia de inovação, tal como aparece nos debates, relaciona-se à possibilidade de utilização de novos instrumentos de planejamento, de permanência de projetos bem-sucedidos para além do tempo de mandato das autoridades públicas, de definição clara das responsabilidades políticas e de implantação de monitoramento e, sobretudo, de equacionamento das capacidades diferenciais das cidades, em termos de recursos financeiros e técnicos. Os participantes enfatizam a importância da difusão de boas práticas, especialmente porque consideram que grande parte das cidades no mundo não tem apresentado capacidade de promover instrumentos inovadores.

As questões sobre governança urbana envolvem, neste contexto, questionamentos entre discursos e práticas, onde se agregam os desafios culturais colocados por este Fórum. Ou seja, se por um lado a inclusão social perpassa a capacidade das articulações de governança urbana, com atores diversos e gestão de conflitos, por outro, em numerosas cidades a governança se reporta à presença de minorias étnicas mobilizadas pelos processos econômicos recentes, impondo enfrentamentos legais e culturais delicados[13].

O questionamento sobre práticas efetivas traz à tona o quanto a questão da inclusão tem sido incorporada no escopo político-institucional das cidades e como os mecanismos informais de participação envolvendo organizações não governamentais estão presentes nas práticas de gestão. Práticas isoladas como exemplos de procedimentos de inclusão foram apresentadas pelo Brasil, Tanzânia e Índia. Na apresentação da Tanzânia, destacou-se o caso incomum da cidade de Dar-es-Salaam, onde ocorreu a incorporação de lideranças locais no desenvolvimento de projetos e no planejamento, situação que ilustra o quanto as instituições formais precisam de suporte das organizações de base e que é possível superar a alienação política de comunidades urbanas.

Na verdade, os exemplos revelam também a fragmentação e dispersão das experiências, se considerado o escopo dos compromissos nacionais em torno das Metas de Desenvolvimento do Milênio. Trata-se de uma defasagem entre os objetivos e a realidade, que se expressa na constatação das dificuldades de envolvimento participativo da população, que leva o debate naturalmente a considerar a necessidade de sua paulatina consolidação. Tal processo envolve a ampliação de um trabalho de esclarecimento público sobre a importância da participação e do papel das lideranças locais, entendido inclusive como procedimentos de capacitação política voltados para futuros processos eleitorais.

Em outro nível, enfatiza-se também a necessidade de alargamento do escopo social de participação, abrangendo outros setores organizados, inclusive segmentos de classe média e alta, que vêm se expressando em numerosas organizações não governamentais atuantes em áreas importantes de educação, saúde etc.

Em síntese, várias ideias resultam deste diálogo: o reconhecimento que a inclusão é ainda muito reduzida; que as estruturas políticas formais não podem se isentar da responsabilidade de estruturar condições operacionais para uma participação efetiva; que as cidades ainda carecem de experiências inovadoras de gestão descentralizada; e, especialmente, que as Metas de Desenvolvimento do Milênio não podem ser realizadas se não houver redefinição macroeconômica dos mecanismos de financiamento para habitação e saneamento.

Outros debates deste bloco – onde se destacam representantes do Quênia, Nigéria, Espanha, África do Sul, México e Líbano – repetem, de certa forma, as mesmas constatações, sinalizando as relações entre capacitação política da população e inclusão das questões de gênero e diversidade cultural. Em uma perspectiva ampliada, defende-se a ideia de que o fortalecimento político da sociedade, um pré-requisito nas políticas participativas, passa necessariamente pela formação de uma consciência multicultural que promove este fortalecimento e a inclusão social. Ou seja, os diferentes grupos sociais, incluindo comunidades de migrantes e grupos femininos, necessitam de espaço público para a expressão de suas necessidades e contribuições. Sobretudo a experiência de numerosas organizações de base lideradas por mulheres que vêm demonstrando as habilidades femininas no desenvolvimento de parcerias com o poder público, em projetos relacionados aos mais diferentes problemas urbanos.

Por outro lado, na escala nacional, evidencia-se que o fortalecimento político da sociedade depende de condições e contextos políticos locais e se torna problemático nos locais em que as mudanças voltadas para a inclusão dizem respeito à maioria da população, na medida em que as pressões participativas tendem a gerar processos de xenofobia e acirramento de tensões por parte da minoria no poder.

Assim, sob diversos aspectos, é justamente neste diálogo que se expressa oficialmente o alargamento da concepção de espaço público urbano: ou seja, a cidade é não só uma configuração física, mas também uma configuração de entidades econômicas, sociais, culturais e ambientais[14].

Ao mesmo tempo, no tema sobre Renascimento urbano (Urban Renaissance – Dialogue on the Evolving City), as concepções sobre o urbano assumem um contorno mais definido. Segundo algumas posições conclusivas, os processos econômicos e sociais contemporâneos protagonizam a cidade de modo irreversível, colocando um desafio histórico de construção de instrumentos institucionais capazes de expressar esta prevalência em termos políticos, tanto no contexto nacional quanto internacional.

Por isso mesmo, as colocações sobre a problemática deste diálogo evocam o Habitat II de 1996, que já salientara a importância do poder local nos processos contemporâneos de globalização e urbanização. Firmou-se naquele momento que, sob as condições impostas pela globalização, os instrumentos de descentralização política constituíam o mecanismo por excelência para a melhoria das condições de vida urbana. Adotando esta perspectiva, o UN-Habitat reafirmava no documento "Descentralização e fortalecimento das autoridades locais" quatro temas ainda atuais: poder e responsabilidades das autoridades locais; relações administrativas e autonomia local; recursos financeiros e capacidade das autoridades locais; governança local e democracia.

No percurso de 1998 a 2004, muitos trabalhos técnicos promovidos pelo UN-Habitat, visando fundamentar ações práticas nestas direções – como Guidelines on Decentralization e Charter of Local Self-Government –, têm recebido críticas de especialistas. Estes salientam a complexidade dos processos de descentralização político-administrativa e alertam para o fato de que a sua eficácia depende especialmente da existência de mecanismos consistentes de relações entre governos locais e centrais.

Nos debates de 2004, a ênfase se concentra nas relações entre descentralização, democracia e participação. Alguns projetos realizados por municípios africanos, em especial de saneamento básico e coleta seletiva de lixo, são referenciados como exemplos de que a descentralização só pode se realizar com a garantia formal de processos participativos no planejamento urbano.

Outras questões, igualmente complexas do ponto de vista prático, remetem às relações complexas e muitas vezes contraditórias entre instâncias do poder. Há, por exemplo, casos de descentralização que resultaram problemáticos, às vezes pela incapacidade financeira dos muitos governos locais em promover e operar algumas estruturas urbanas básicas, outras porque em algumas áreas se torna imprescindível o diálogo e a atuação conjunta dos governos local e central.

Por meio do debate em torno de práticas concretas, este diálogo, em síntese, aponta que a adequação a uma nova realidade eminentemente urbana requer ainda recursos financeiros significativos e, nesse sentido, recomenda-se que os governos nacionais busquem doadores internacionais para complementar os seus recursos orçamentários e, sobretudo, que estes novos processos devem ser construídos progressivamente, aproveitando-se as experiências bem-sucedidas através de um movimento contínuo de monitoria com suportes do UN-Habitat.

Diálogos temáticos

Incluindo interação de temas especificamente relacionados à Meta 7, Alvo 11 da Declaração do Milênio, estes diálogos se voltam para as respostas concretas em relação aos compromissos internacionais de melhoria social urbana.

O debate em torno de iniciativas de redução da pobreza é iniciado por Jeffrey Sachs, conselheiro especial da ONU, que destaca a importância de se estancar o crescimento de favelas no mundo. Sachs sugere que, apesar dos impactos favoráveis de numerosas iniciativas locais, as soluções para a redução da pobreza e melhoria das condições de vida nas favelas dependem de decisões articuladas nas escalas nacionais e locais.

Entretanto, as práticas efetivas salientadas nestes diálogos mostram que este é um ideal ainda distante. O que se verifica é um enorme descompasso entre as diversas atuações nacionais, ainda que algumas experiências sejam reconhecidamente bem-sucedidas, como no caso do México, onde a implantação do Programa Habitat pelo Ministério do Desenvolvimento Social conseguiu melhorias em 364 cidades e, em outros países, alguns programas locais se destacam, como o da cidade de Alepo, na Síria, onde os programas municipais atingiram largamente um milhão de residentes. Diante das evidências de realidades sociais díspares e formas de atuação pública condicionadas por determinantes políticos muito específicos, os Estados parceiros aí representados concluem que é impossível a adoção de políticas unívocas, o que vem sinalizar a presença subjacente de tensões e resistências quando se trata de negociações e compromissos internacionais.

Outros aspectos discutidos pelos diálogos convergem para o papel de indicadores urbanos como instrumento de controle e monitoramento da pobreza. Mais uma vez toma-se como referência os casos das cidades mexicanas e de Alepo, que implantaram observatórios urbanos, e o caso da Tailândia, cuja construção de indicadores de pobreza e de problemas fundiários tem sido implantada pelos próprios moradores das favelas. Por sua vez, o Banco Mundial descreve suas estratégias de monitoramento informando as novas pesquisas em 120 cidades no contexto mundial.

De uma maneira geral, considera-se que países como México, Brasil e Tailândia têm apresentado significativos progressos por contarem com políticas sociais amplas e projetos de larga escala direcionados às populações desprivilegiadas.

Destaca-se, sobretudo, a importância de uma atuação de melhoria das áreas ocupadas através de programas habitacionais articulados com outros de cunho econômico e social, evitando-se processos de desalojamento e expropriações territoriais. Programas direcionados às mulheres voltados para seu acesso à terra, à habitação e a outros itens relacionados à cooperação financeira internacional merecem menção especial.

As questões da legitimidade e do papel do Estado ocupam grande parte dos debates, concluindo-se que a eficiência dos programas sociais não está diretamente relacionada ao tamanho da máquina estatal, mas ao grau de legitimação propiciado por políticas participativas nos diferentes níveis de governo, incluindo o planejamento urbano como um elemento crucial.

Em relação à captação de recursos destinados a estes propósitos, apela-se para o empenho dos governos nacionais na mobilização de capitais privados e em outras formas inovadoras de financiamento, minimizando os suportes de apoio econômico internacional. Por outro lado recomenda-se o estímulo do desenvolvimento que possa beneficiar e engajar os cidadãos, diminuindo os custos assistencialistas. O UN-Habitat se propõe a manter suportes de orientação em torno de alternativas e práticas inovadoras aos governos e ao setor privado.

A discussão sobre sustentabilidade urbana foi organizada pela atuação conjunta do UN-Habitat e do United Nations Environment Programme – UNEP, buscando unir esforços de consolidação de conceitos e atuação voltados ao meio ambiente urbano. Discutindo em três segmentos distintos – local, nacional e global –, as questões do desenvolvimento sustentável contam com representantes de um vasto número de países da África, dos Estados Árabes, da Europa e da América Latina. A brasileira Stela Goldenstein – membro da Secretaria do Meio Ambiente da Cidade de São Paulo e do The International Development Research Centre, além de representante do Advisory Committee – expressa os posicionamentos do Brasil e da América Latina.

Segundo o documento analisado[15], a principal questão debatida foi o papel da cultura cívica de participação social na transformação do desenvolvimento urbano, considerando os diferentes tipos de ações, implantações e impactos. Discutiu-se a urbanização sustentável como um processo de desafios e respostas, incluindo-se as relações entre estratégias de desenvolvimento sustentável e plano diretor urbano. Este último é considerado o principal instrumento de implantação de arranjos políticos participativos, que têm assumido uma conotação contextualmente nova e são chamados também de governança urbana.

Em um amplo espectro de problemas, as questões de estruturas básicas de saneamento são colocadas pelo governador de Lagos, na Nigéria, para quem a degradação ambiental tem sido o principal inibidor do crescimento econômico das cidades. Em divergência, outros posicionamentos destacam a importância da qualidade ambiental da cidade em um foco mais amplo, como suporte de desenvolvimento econômico e social que possa incorporar envolvimentos participativos de amplos setores, deixando de ser um monopólio de ativistas ambientalistas.

Outras questões – como a associação entre políticas de sustentabilidade e boas práticas de governo, o papel estratégico da Agenda 21 Local, o fortalecimento das práticas de cooperação entre vários atores sociais – são objeto de posicionamentos convergentes neste diálogo.

Na escala mundial, há o reconhecimento de que as cidades desempenham um papel estratégico na solução de problemas abrangentes, como o aquecimento global, a poluição da água e do ar, e a degradação dos ecossistemas costeiros. Ou seja, as proposições de alternativas sustentáveis a estes problemas de amplitude internacional devem necessariamente estabelecer fortes elos com as ações locais, sobretudo no transporte, uso de energias renováveis e reciclagem[16]. Ao mesmo tempo, o fenômeno das megacidades e dos vastos processos de conurbação urbana, que passam a exigir soluções imperativas de provisão de infraestruturas básicas de saneamento, é reconhecido como grande desafio para o desenvolvimento urbano sustentável.

Em relação a serviços urbanos e saneamento básico, os posicionamentos apelam para uma maior atuação do setor privado, direcionada às demandas da população de baixa renda e à adoção de modelos alternativos vinculados aos capitais locais e/ou organizações associativas de moradores.

As justificativas postas nos debates vinculam tais possibilidades à presença de arranjos de governo capazes de exprimir a diversidade dos contextos, as necessidades sociais e a presença de atores específicos locais. O suprimento de infraestrutura envolve, em muitos casos, diversos atores privados e públicos, o que requer, dos processos de governança, arranjos específicos em termos de regulação, tarifas e envolvimento do setor privado no sentido de prover a ampliação de redes de fornecimento[17].

Considerado como um subtema, a questão de Desastres Urbanos e Reconstrução retoma preocupações antigas sobre segurança e risco na escala planetária, vinculando-os aos novos contextos de guerras locais e desastres naturais que vêm atingindo contingentes humanos significativos[18]. A revisão das concepções de risco e assistência assume o cerne dos debates, justificada não só pela mudança na natureza dos conflitos e dos desastres naturais, mas também pelas circunstâncias dos ciclos atuais de redução de recursos financeiros destinados a estas finalidades.

Propostas de abordagens capazes de incorporar situações de conflitos emergenciais trazem à tona novas noções de risco e assistência sustentável, sugerindo a consolidação do conceito alargado de sustentabilidade urbana que integre propósitos de redução da pobreza e o máximo possível de autonomia local. Ou seja, a redução dos riscos de desastres deve compor as agendas locais de governo, utilizando os processos de participação social como ferramenta.

Nesta direção, é formulado, no contexto das discussões, um guia de princípios envolvendo três grandes escalas: comunidade internacional, sociedade civil, e autoridades nacionais e locais.

É importante observar que as situações de risco assumem dimensões estratégicas, sobretudo considerando que as cidades são hoje simultaneamente os núclcos de sustentação e de instabilidade do sistema econômico mundial.

Novas modalidades para angariar fundos internacionais de apoio às situações de risco são colocadas como necessidades emergentes, assim como atuações de assistência condizentes com as especificidades de cada caso. Descentralização e fortalecimento das autoridades locais nesta perspectiva são vistos como estratégicos para a pacificação dos conflitos e reconstrução pós-crise, de tal forma que as responsabilidades dos diversos atores em cena possam ser claramente estabelecidas.

Os posicionamentos evidenciam claramente que não existe distinção entre os riscos naturais e os riscos decorrentes de conflitos sociais e políticos. Portanto, os enfoques defendidos são aqueles de caráter multidimensional, que simultaneamente possam incorporar os elementos de conflito, estratégias de prevenção e uma coordenação administrativa imparcial.

Em síntese, considerado na abrangência de suas colocações, o Fórum Urbano Mundial de 2004 reafirma, como no evento anterior, a implacabilidade da urbanização mundial em termos sociais e ambientais, destacando a urgência de atendimento das necessidades básicas da população – em especial nas megacidades ou em áreas de conurbação urbana regional – e atuações integradas para a melhoria da qualidade de vida urbana e amenização das suscetibilidades de conflitos decorrentes da proximidade de diferenças culturais. Ao mesmo tempo, deixa transparecer a heterogeneidade das condições reais e a fragilidade dos princípios de adesão voluntária de parceiros nos quais se apoiam os compromissos em direção às Metas de Desenvolvimento do Milênio.

Entretanto, no que tange à consolidação de novos paradigmas de atuação urbana, pode-se considerar a presença de avanços substantivos. Como exemplo específico, o tema central – a diversidade cultural e a complexidade dos contextos urbanos em cada país – remete à impossibilidade de se estabelecer modelos de cidades ou modelos únicos de planejamento e gestão. Embora as cidades compactas sejam consideradas mais adequadas do que a urbanização dispersa – em especial para o aproveitamento máximo de estruturas e serviços urbanos, contribuindo ainda para a redução do consumo de energia –, firma-se como consenso maior a possibilidade de alternativas diversas adequadas aos recursos e situações locais que possam se apoiar nos princípios de governança democrática e de descentralização.

3. Fórum Urbano Mundial. 3ª Sessão: "Nosso futuro: cidades sustentáveis – transformando ideias em ação", Vancouver, 2006

Realizado na cidade de Vancouver, Canadá, entre os dias 19 e 23 de junho de 2006, a terceira sessão do Fórum Urbano Mundial assume conotação especial relacionada às comemorações dos trinta anos do Habitat. A data já havia mobilizado, dentro da própria instituição, numerosas avaliações críticas de seus desempenhos e enfoques em relação às transformações da urbanização mundial. Trazendo como tema a sustentabilidade, o evento vem reafirmar os posicionamentos políticos dos encontros anteriores que colocavam em pauta a necessidade de aproximação de experiências, a reafirmação de identidades comuns e a busca de soluções para os problemas e desafios contemporâneos, questões traçadas na Declaração do Milênio.

As mudanças ao longo das três décadas que separam a primeira conferência Habitat e a reunião de 2006, realizada mais uma vez em Vancouver, no Canadá, incorporam não apenas a amplitude da urbanização mundial e o agravamento das condições de vida de contingentes populacionais cada vez mais amplos, mas também os processos de remodelações político-institucionais, significativas na atuação interna dos Estados nacionais, agora marcada pela descentralização administrativa e enfraquecimento das políticas desenvolvimentistas prevalentes nas décadas anteriores. Considerando este percurso, é importante frisar que, no caso brasileiro, as questões da urbanização só passam a assumir maior reconhecimento institucional com a criação do Ministério das Cidades, em janeiro de 2003. De certa forma, trata-se de uma concretização de um processo que remonta ao menos até a promulgação da Constituição de 1988, quando a questão urbana é inserida pela primeira vez em uma Carta Magna Brasileira, muito em consequência da importante participação do Movimento Nacional pela Reforma Urbana em sua elaboração.

Registra-se, então, que a edição da Agenda Habitat para Municípios, elaborada pelo Instituto Brasileiro de Administração Municipal – IBAM em parceria com o UN-Habitat, contou com o apoio financeiro da Caixa Econômica Federal. A versão em português do documento foi desenvolvida para facilitar a leitura e o entendimento por parte dos dirigentes e dos técnicos municipais, permitindo-lhes que, no âmbito de suas jurisdições e no cumprimento de suas competências constitucionais, pudessem compartilhar com os demais entes da Federação e com a sociedade os compromissos internacionais que o governo brasileiro havia assumido[19].

Já na preparação da participação brasileira no III Fórum Urbano Mundial contou-se com a contribuição de 41 entidades – universidades, associações, ONGs, movimentos sociais e outras organizações. Os temas abordados no encontro foram: a) impacto das políticas neoliberais sobre as cidades: habitação, infraestrutura e serviços urbanos; b) terra urbana para moradia social; c) lugar dos movimentos sociais, no Brasil e no mundo, na conjuntura atual.

Em comparação com o encontro de Barcelona, o nível de participantes no evento de junho de 2006 em Vancouver é significativamente mais amplo, com 10.471 pessoas oriundas de 156 países, além de outras 1.800 vinculadas ao suporte administrativo e/ou a trabalhos voluntários.

Ainda de forma comparativa, no amplo leque de envolvimento de governos, autoridades locais, parlamentares e outros, observam-se a manutenção do peso das organizações não governamentais (23,4%) e um aumento significativo de três outros segmentos – profissionais, instituições de pesquisa e setor privado –, que praticamente duplicam o peso relativo de sua participação.

Contudo, cabe destacar que, se consideradas as participações abertas e não institucionalizadas, o Fórum de 2006 teve uma repercussão pública relativamente menor que o encontro de 2004, onde este contingente atingiu quase 2 mil pessoas.

A articulação de debates neste Fórum reproduz os temas desenvolvidos nas conferências preparatórias, denominadas Habitat Jam, incorporando os eixos temáticos definidos então como estratégicos. Durante este evento preparatório, uma equipe de pesquisadores do Centre for Sustainable Cities, subsidiada por instrumentos informatizados pela IBM, e do JAM Forum Leads identificou mais de seiscentas ideias implementadas, que foram endereçadas ao WUF3. Deste total, setenta foram selecionadas e sistematizadas em temas e subtemas, compondo, assim, o formato de discussões do encontro que ocorreria posteriormente em junho de 2006. Como critério de seleção considerou-se o fato de serem ideias práticas, originárias de várias partes do mundo e que possuíam implicações relevantes sobre os problemas urbanos. Justamente pelo respaldo de serem experiências efetivas de uma cidade, comunidade ou grupo, estas ideias foram assumidas como passíveis de referência para outras circunstâncias e locais.

Por meio de conferências eletrônicas internacionais promovidas durante 72 horas entre os dias 1 e 4 de dezembro de 2005, o Habitat Jam representou a mais ampla e inédita consulta sobre questões cruciais da urbanização e sustentabilidade urbana, envolvendo interlocutores de 158 países e cerca de 39 mil pessoas, entre elas, lideranças governamentais, empresários, universidades, organizações da sociedade civil e representantes de grupos de mulheres e jovens.

O Habitat Jam sinaliza um amplo panorama dos problemas urbanos contemporâneos considerados cruciais na perspectiva dos diferentes atores participantes, permitindo a definição de temas – coesão e inclusão social; parceria e finança; crescimento urbano e meio ambiente – que subsidiarão o Fórum de 2006. Este se estruturará em seis diálogos temáticos, treze sessões de mesas-redondas entre governantes e parceiros, e mais de 160 eventos eletrônicos interativos, de tal forma a privilegiar as questões operacionais de parcerias, os atores reconhecidamente estratégicos e uma discussão voltada para as práticas sociais.

Considerando-se as concepções inerentes ao tema adotado por esta terceira sessão, "transformar ideias em ação" tem como elemento implícito a noção de inclusão social (*inclusiveness*) – ou seja, a participação equilibrada entre os setores público e privado, e a sociedade civil.

Ao mesmo tempo, a noção de sustentabilidade permeia o balanço crítico sobre o processo de urbanização mundial e os trinta anos de Habitat, estando presente no conjunto dos debates e nos discursos de abertura.

Como observam Eduardo López Moreno e Rasna Warah, se no contexto dos debates para a formulação da Agenda Habitat as divergências sobre a cidade oscilavam entre uma percepção de sua ameaça sobre o meio ambiente e uma ênfase em sua importância econômica como centro de tecnologia e inovação, hoje estes posicionamentos mudaram, graças às novas posturas em torno da busca de sustentabilidade urbana[20].

O certo é que, embora menos vilipendiadas e congregando consensos sobre o seu papel na economia mundial, as cidades continuam a ser problemas, com a dimensão dos seus problemas e de suas contradições sociais acompanhando *pari passu* o crescimento urbano exorbitante na escala planetária.

Este reconhecimento transparece na mensagem que o então Secretário-Geral das Nações Unidas Kofi Annan apresentou na cerimônia de abertura e que se converteu de imediato em marco referencial para os debates. Annan reconhece a interdependência de cidades, regiões e países em um mundo globalizado, que necessariamente compartilha oportunidades e privações. A cidade – tanto como o receptáculo da população mundial, como a grande produtora da degradação ambiental – seria a expressão destes processos contraditórios, com a concentração das riquezas, mas também dos problemas sociais originários na pobreza, na insegurança, na intolerância e no extremismo[21].

O discurso de Anna Tibaijuka, diretora executiva do UN-Habitat, relembra que na formação das Nações Unidas as questões ambientais e os problemas urbanos não estavam presentes nas agendas de desenvolvimento, despontando apenas nos anos 1970. O estabelecimento dos Fóruns Urbanos Mundiais pelo Habitat representaria hoje o reconhecimento da complexidade da urbanização mundial e da importância de novas posturas ante o descompasso histórico entre as políticas urbanas e de desenvolvimento e os processos reais. Para ela, apesar dos ganhos significativos do aumento de conscientização sobre os problemas urbanos, o avanço do ritmo do crescimento das favelas no mundo e o aumento do consumo de energia se defrontam com as tentativas de controle destes processos e colocam em xeque os ideais de sustentabilidade. Tais circunstâncias conferem ao tema da sustentabilidade uma conotação eminentemente política, evidenciando a precariedade dos suportes institucionais tradicionais disponíveis para o planejamento urbano, em especial para a habitação e a infraestrutura. Portanto, para acompanhar os processos reais, a cidade deve tornar-se o centro das políticas nacionais e internacionais[22].

A associação entre urbanização, pobreza e sociedade de risco aparece reiteradamente em diversos discursos e mais explicitamente na fala de Stephen Harper, primeiro ministro do Canadá, quando se refere ao terrorismo – vivenciado por grandes cidades como Londres, Madri e Nova York, entre outras – como o maior sinal de transformação do mundo contemporâneo.

Diálogos temáticos

Como parte central das atividades do Fórum Urbano Mundial de 2006, a proposta de discussão de três subtemas – coesão e inclusão social; parceria e finanças; crescimento urbano e meio ambiente – em seis diálogos visa, sobretudo, avaliar mais uma vez o grau de realização dos compromissos dos países em relação às Metas de Desenvolvimento do Milênio (especificamente a Meta 7, Alvo 11), acolhendo proposições e permitindo trocas de experiências.

Mesmo evidenciando-se interseções de conteúdo, os subtemas são contemplados em diálogos específicos. O primeiro deles, "Coesão e inclusão social", está presente nos dois primeiros diálogos: a) Melhoria de favelas; b) Habitação adequada e participação pública: enfoque inclusivo. As questões de "Parceria" e "Finanças" são tratadas no Diálogo 3, "Finança municipal: inovação e colaboração", e no Diálogo 4, "Desastres urbanos: proteção e segurança". O último subtema, que propõe a discussão das relações recíprocas entre o urbano e o ambiental, se desdobra no Diálogo 5, "A forma das cidades: planejamento urbano e gestão", e no Diálogo 6, "Energia: ação local e impactos globais".

As discussões sobre melhoria de favelas, alvo do Diálogo 1, por exemplo, sinalizam o caráter político das opções, os vínculos técnicos e financeiros envolvidos neste empreendimento e, portanto, a impossibilidade da separação estanque de problemas. Como resultado, adota-se, neste diálogo, o posicionamento de que as perspectivas de melhoria das condições de vida dos moradores de favelas e outras minorias pobres da cidade pressupõem reformas substanciais, grande mobilização de recursos financeiros e, sobretudo, compromissos políticos de longo prazo que incluam capacitação da população e promoção de abordagens inclusivas, objeto de discussão do Diálogo 2.

Considerando as previsões de custos para o atendimento da Meta 7 da Declaração do Milênio, em torno de US$ 367 bilhões, o representante do Banco Mundial nestes debates relembra a responsabilidade múltipla de diversos agentes para a captação de recursos, desonerando o papel dos Estados nacionais e relativizando com isto o papel das agências internacionais.

Nos debates do Diálogo 2, as questões operacionais de participação social atualmente vigente recebem algumas críticas. Segundo alguns, a adoção formal de arranjos participativos não garante, por si só, o engajamento público nos processos de desenvolvimento sustentável urbano e de inclusão social, por diversas razões contextuais, inclusive dificuldades do rompimento de barreiras corporativistas de algumas políticas locais. Defende-se, a necessidade de adoção de abordagens participativas inovadoras, mais próximas das condições reais de vida das minorias sociais, para que os objetivos de descentralização político-administrativa e os instrumentos legais de articulação de pactos sociais possam ampliar os seus níveis de legitimidade. Segundo algumas outras menções, a aproximação com os contextos de iniquidades sociais deveria envolver, para a geração de oportunidades de trabalho e de participação política, estratégias específicas para a inclusão da população de migrantes nacionais e internacionais.

Por outro lado, no subtema parceria e finanças, presente nos Diálogos 3 e 4, o entrelaçamento entre sustentação financeira das cidades e garantia de sua segurança ante os sérios problemas naturais e de criminalidade é enfaticamente defendido. A principal questão discutida foi a de que os municípios encontram-se hoje diante do paradoxo gerado pela necessidade de ampliar e manter as infraestruturas e serviços urbanos ao mesmo tempo em que sofrem pressão para baixar impostos e atrair investimentos. Algumas experiências apontam para alternativas bem-sucedidas de parcerias público-privadas e de aumento de eficiência no gerenciamento dos recursos financeiros disponíveis[23].

As vulnerabilidades das cidades, potenciadas hoje pela associação de fatores naturais e aumento da criminalidade, reclamam por novos e alternativos modelos de planejamento urbano como instrumento de intervenção, que contam já na ocasião com diversos exemplos referenciados.

A aproximação aos processos reais e circunstâncias locais é um enfoque que está também presente em outros diálogos que tangenciam as concepções de desenvolvimento urbano sustentável (subtema crescimento urbano e meio ambiente), especialmente o reconhecimento de condições heterogêneas entre os países desenvolvidos e em desenvolvimento.

Atingir alvos convergentes de sustentabilidade, em longo prazo, passa pelo reconhecimento da necessidade de formas diversas de gestão urbana dos recursos naturais, que devem ser compatíveis com as condições específicas e demandas sociais de cada país.

Em relação aos países do norte, se reconhece que os aspectos prioritários da sustentabilidade passam necessariamente pela redução do consumo de energia e se associam à forma urbana de cidades compactas, concepção defendida pela União Europeia[24], onde a aproximação de usos urbanos diversos propiciaria, entre outros recursos, elementos facilitadores para alternativas de mobilidade urbana. No caso dos países em desenvolvimento, a prioridade das questões sociais pressupõe não só um inevitável maior consumo energético, mas também outros enfoques de atuação. Tal como destaca Charles Choguill, professor da King Saud University, de Riad, se o planejamento foi uma condição necessária para a sustentabilidade de cidades do mundo desenvolvido – embora não suficiente, tal como evidenciam algumas práticas de cidades inteligentes ou cidades compactas –, as experiências resultantes não podem ser automaticamente transportadas para os países em desenvolvimento. Tais experiências devem ser abalizadas à luz dos contextos locais e resultarem de decisões políticas específicas.

Redução do consumo e formas alternativas de energia, adequação às condições físico-naturais tornam-se, nestas perspectivas, condicionantes do desenvolvimento urbano.

Reafirmando consensos dos encontros internacionais anteriores, desde o Habitat II, os posicionamentos sinalizam o foco nas ações concretas locais, como exercícios de possibilidades diante das alterações econômicas mundiais, das redefinições da atuação dos Estados nacionais e da complexidade e extensão das questões urbanas. Em um mundo de incertezas e quebra de paradigmas, o novo se assenta em algumas premissas flexíveis expressas por novas ideias – descentralização e fortalecimento do poder local, participação social e parcerias, respeito pelas diversidades culturais e de gênero, melhoria da qualidade de vida –, todas elas respaldadas pela concepção de cidade sustentável.

Mesas-redondas – governantes e parceiros

Reunindo governantes, instituições, organizações sociais e profissionais especializados nos mais diferentes temas, o conjunto das treze mesas-redondas inseridas no evento constitui uma estratégia de ampliar o leque de questões específicas: legislação relativa aos assentamentos humanos, reunindo parlamentares; a questão de gênero, com organizações femininas; o direito à habitação, com organizações não governamentais; as questões indígenas e de jovens; e temas inéditos, como espiritualidade, sustentabilidade no contexto urbano e outros relacionados à inovação em práticas ecológicas e ações locais.

Representando prioritariamente painéis de balanço sobre avanços e dificuldades da aplicação das Metas de Desenvolvimento do Milênio e de compromissos anteriormente assumidos, essas atividades apresentam maior possibilidade de abertura de posicionamentos críticos das situações vivenciadas pelos diferentes atores.

O setor privado, por exemplo, com vasta participação representativa de diversos países, prioriza, em mesa-redonda específica (Private Sector Roundtable – Business Roundtable on Corporate Leadership for Sustainable Urbanization), as dificuldades para a ampliação da escala de investimentos em decorrência da ausência de instrumentos de regulação, de especialistas no sctor público e outros problemas relacionados aos baixos níveis de rendimento das populações, diferenças culturais e dificuldades para a operacionalização de parcerias. Países considerados de mercado emergente, como Brasil, China e Índia, são citados como exemplo de maior atuação deste setor no atendimento de serviços às populações pobres.

Os posicionamentos críticos mais contundentes se inserem na mesa-redonda das organizações não governamentais, onde se destacam, a despeito das intenções do Habitat desde 1976, as declarações sobre o avanço da violação dos direitos humanos, o crescimento das iniquidades sociais e outras formas de privação no mundo todo. Outras denúncias foram também registradas na ocasião: o menosprezo do interesse público diante da força dos capitais privados; políticas de agressão às populações pobres sob o pretexto de restauração da ordem; precária instrumentalização do Estado em muitos países para estabelecer políticas habitacionais e de controle dos interesses do mercado imobiliário; atuação dos investimentos corporativos e megaprojetos sobre assentamentos rurais, forçando as migrações.

Numerosas organizações – que trabalham em várias frentes com populações de rua, migrantes, crianças e outros grupos vulneráveis – expõem como grande desafio o fortalecimento político destes segmentos sociais, transformando-os em grupos de pressão mais efetivos.

De modo geral, o encontro de Vancouver representa um grande fórum aberto a uma ampla diversidade de problemas do mundo globalizado, evidenciando o esfacelamento e a pulverização da questão urbana enquanto objeto isolado e passível de controle pelas políticas públicas. Nesse sentido, como já afirmava Costa, em um mundo eminentemente urbano, as questões do desenvolvimento sustentável passam a ser o grande aglutinador das possibilidades de transformação social[25].

Diante deste quadro, as mediações internacionais do Habitat também se ramificam em um conjunto significativamente grande de instituições e de fóruns paralelos. Estes priorizam práticas inovadoras locais voltadas para a minimização dos impactos sociais da globalização, abrindo pouco espaço para um questionamento efetivo sobre a imposição dos grandes processos econômicos mundiais.

Rose Compans afirma que há uma tendência de se encarar a crise ambiental, e mesmo a pobreza, como "externalidades negativas" dos processos de desenvolvimento. Tal tendência dificulta uma discussão efetiva sobre as implicações do liberalismo econômico e das atividades corporativas transnacionais, desqualificando possíveis tomadas de decisão que afetem as finanças internacionais[26].

O que justifica algumas observações críticas sobre os resultados desconcertantes do encontro de Vancouver, como é o caso da feita por Ermínia Maricato:

> As agências internacionais de desenvolvimento repetiram seus slogans (alguns novos e outros nem tanto) – *governance, decentralization, participation* e *poverty alleviation* – sem, evidentemente, tocar nas questões cruciais relativas aos ajustes fiscais sufocantes, políticas macroeconômicas arrasadoras etc. Participação é bem-vinda, desde que na cidade autônoma e fortalecida. Assuntos nacionais não são para os pobres e nem mesmo para o conjunto dos cidadãos. Aparentemente esse Fórum não apresentou muito de novo e até constituiu um retrocesso em relação ao último, ocorrido em Barcelona, em 2004[27].

É certo que, em um contexto histórico de acirramento de conflitos e de contradições sociais, os Fóruns Urbanos Mundiais representam as instâncias diplomáticas controladas pelas mesmas forças políticas e econômicas que dominam o cenário das políticas internacionais. Mas é necessário constatar que eles se abrem e legitimam a presença de pressões sociais nos processos institucionais e de gestão urbana.

São justamente as premissas de descentralização e inclusão participativa que tornam imprescindíveis e inevitáveis a presença, embora minoritária e com menor visibilidade pública, de vozes dissonantes e de pressões vindas justamente dos grupos socialmente afetados pela dinâmica econômica globalizada, como se evidenciou em 2006 na mesa-redonda das Organizações Não Governamentais.

conclusões

Enfocamos como o UN-Habitat, no contexto da Organização das Nações Unidas, procura desempenhar o papel de instituição supranacional, representando seus países-membros, na arbitragem de conflitos e no auxílio aos países em desenvolvimento ou sujeitos a catástrofes naturais ou não.

Este papel torna-se cada vez mais difícil dentro do panorama global atual, onde a persistência de modelos não sustentáveis resulta em fenômenos complexos e de difícil equação: expansão das cidades em detrimento de áreas rurais, degradação ambiental, migrações, pobreza persistente e crescimento exponencial da população. O processo de crescimento vem se agravando também pelo aumento do número de pessoas deslocadas ou desabrigadas, entre elas, refugiados e outros tipos de pessoas que necessitam de proteção internacional como resultado de guerras ou desastres causados tanto pelo homem quanto pela natureza.

Além disso, a própria complexidade organizacional da ONU faz com que seus diferentes órgãos, agências e programas tenham objetivos conflitantes e encarem de modo diferente os mesmos problemas. Em particular, as políticas urbanas passam a fazer parte dos interesses de diferentes setores da instituição somente a partir da década de 1980. Há, desde então, além do UN-Habitat, diversas instâncias – PNUD (Programa das Nações Unidas para o Desenvolvimento), Banco Mundial, PNUMA (Meio Ambiente), PNU (Alimentos), fundos para População, Mulheres e Crianças – definindo diretrizes para os países em desenvolvimento. E, para eventualmente complicar mais os encaminhamentos, há o poder de veto do Conselho de Segurança, nem sempre interessado nos programas de apoio às populações afetadas por desastres e/ou guerras propostos pelos demais setores da ONU.

Quanto à atuação específica do UN-Habitat, pode ser verificado que, a partir da estrutura inicial, que retificava a declaração de constituição da ONU, evolui na hierarquia onusiana, passando de comitê para agência e posteriormente para programa, com orçamento próprio. Os serviços humanitários foram fortemente ressaltados – assistência humanitária, uso e aplicação de missões de paz e programas de desenvolvimento adquirem formas de direito e de justiça internacionais ao contemplarem novas ameaças à paz e à segurança internacionais. Originalmente as questões sobre assentamentos humanos não apareciam explicitamente nas preocupações da ONU, porém, relações entre segurança e desenvolvimento foram incorporadas em função de causas sociais, econômicas e ambientais, todas elas geradoras de instabilidade.

Como enfrentar as tradicionais questões urbanas em um quadro pautado por uma lógica econômica que não contém perspectivas de crescimento e enriquecimento para todos? Como trabalhar com as barreiras nacionais dentro do quadro de globalização da economia?

As duas grandes edições da Conferência das Nações Unidas sobre Assentamentos Humanos

(Vancouver e Istambul) carregam o enfoque em assentamentos humanos, porém, a importância estratégica da cidade como espaço privilegiado do ponto de vista econômico faz com que esta ganhe maior significado. Nos trinta anos de Habitat, evolui-se da resolução da produção de abrigos para a definição de limites da economia informal e inclusão social.

Em Vancouver, 1976, ocorre o Habitat I e o Fórum Habitat, reunindo um conjunto de representantes da sociedade civil (organizações não governamentais). Ambas as reuniões concluíram que as ações necessárias à reversão do processo de degradação de vida urbana incluiriam parcerias fortes entre todas as instâncias de governo, ONGs e setor privado, cabendo ainda a este último um comprometimento enérgico junto às agências das Nações Unidas. A Conferência ressaltou que somente um governo central forte seria capaz de enfrentar os problemas urbanos. Foi criado o Centro das Nações Unidas sobre Assentamentos Humanos – UNCHS, com o objetivo de manter discussão permanente sobre assentamentos humanos, em especial projetos habitacionais. A política da ONU neste período era focada nos recursos locais: reconhecimento de cortiços e favelas a ser urbanizados; usos de tecnologias locais; esquemas de autoajuda e participação comunitária; projetos de pequena escala; técnicas de planejamento de curto prazo[1].

A Segunda Conferência – Habitat II estabeleceu diretrizes políticas e compromissos com os governos nacionais abordando dois temas importantes: a questão da moradia adequada para todos e o desenvolvimento sustentável dos assentamentos humanos em um mundo em urbanização. Além disso, divulgou a Agenda Habitat, que se transformou no principal documento político de divulgação da Conferência. Cabe ressaltar que pela primeira vez em uma conferência mundial da ONU as autoridades locais, em função da sua responsabilidade para o alcance dos objetivos perseguidos, foram consideradas como um dos principais grupos de parceiros e ganharam um comitê específico, onde puderam manifestar suas preocupações e propostas para a redação final e aprovação da Agenda Habitat e seu Plano de Ação Global. A Conferência realizou-se em um período de abordagem holística de desenvolvimento urbano: processos de longo prazo, capacitação do pessoal local, fortalecimento de agências gerenciadoras locais. Cada cidade executaria futuros projetos concretos a partir do fortalecimento de sua estrutura político-econômica[2].

A ampla ramificação de atuações do UN-Habitat, que permeia desde as escalas internacionais até as locais, consolidou-se a partir do enfoque traçado pela ONU nas Metas de Desenvolvimento do Milênio, no sentido de adequar o seu papel de mediação às novas contingências econômicas e políticas do mundo urbanizado e globalizado.

A opção pela organização dos Fóruns Urbanos Mundiais permite a agilidade na detecção de problemas urbanos e sua possível solução. Verifica-se por meio da revisão da literatura produzida pelo Habitat e por seus analistas que é possível encontrar formas específicas de tratamento dos problemas que revelam novos arranjos entre agentes produtores do espaço urbano. Indicam-se novos conceitos e concepções da urbanização sob a perspectiva da nova ordem mundial.

O Fórum Urbano Mundial é estabelecido como instância de interlocução técnica que possibilita as trocas de ideias e o envolvimento das autoridades e de outros parceiros do UN-Habitat. O estabelecimento dos Fóruns representa hoje uma aceitação da complexidade da urbanização mundial e da importância de novas posturas diante do descompasso histórico entre as políticas urbanas e os processos reais. A dimensão de problemas e contradições sociais que vem acompanhando o crescimento urbano não pode ser desconsiderada.

De modo geral, o terceiro Fórum realizado em Vancouver representa uma abertura à diversidade de problemas do mundo globalizado, evidenciando o esfacelamento e a pulverização da questão urbana enquanto objeto isolado e passível de controle pelas políticas estatais. As premissas de descentralização e inclusão participativa tornam imprescindíveis e inevitáveis a presença de vozes dissonantes e de pressões vindas justamente dos grupos socialmente afetados pela dinâmica econômica globalizada.

Definido o quadro de atuação do UN-Habitat, verifica-se que as instituições locais não têm quadros ou comprometimento político para implantar políticas em benefício de suas cidades. Outras vezes, os programas apresentam conceitos vagos ou há uma sobreposição de programas, em função da coordenação frágil entre agências e programas da ONU.

Avaliações críticas constituem uma prática contínua do UN-Habitat. Estão presentes em diferentes publicações e parecem ser consideradas como um passo necessário para a reafirmação de estratégias de ações e um meio de readequar objetivos e alvos referendados nos documentos oficiais acordados entre os países. Alguns posicionamentos recentes merecem destaque, sobretudo por vislumbrarem os avanços limitados e trazerem questionamentos sobre a eficácia de suas ações.

O UN-Habitat apresenta, em 2006, um balanço avaliativo do programa de implementação de estratégias para abrigos[3], indagando sobre as causas dos resultados limitados persistentes e verificando as possíveis lições que as boas práticas e abordagens inovadoras possam trazer. Este balanço constata que, ainda que as estratégias para abrigos tenham sido elaboradas há cerca de duas décadas, a maioria dos governos locais e nacionais nos países em desenvolvimento ainda está se debatendo em relação às necessidades habitacionais de suas populações pobres[4]. Ao mesmo tempo, os agentes depositários destes objetivos – setor privado, organizações não governamentais e grupos comunitários – não estão suficientemente aparelhados para exercer um papel efetivo.

Do ponto de vista teórico, esse balanço considera que a economia, a política e as ideias deste novo milênio estão demarcadas por duas grandes forças intrinsecamente relacionadas – a urbanização e a globalização. Neste enfoque, a globalização não é um fenômeno novo, mas um processo anterior que atualmente ganha outra expressão graças à velocidade de incorporação dos mais variados âmbitos, que resultam em uma escala, um escopo e uma complexidade das conexões globais totalmente novas. Apesar de afetar indubitavelmente as áreas rurais, seus impactos são mais acirrados nas cidades em face da competitividade estabelecida entre si para atrair capitais globais.

Conforme dados da ONU, em 2005 as áreas urbanas passam a abrigar cerca de 3,2 bilhões de pessoas, quase 50% da população mundial. Projeções estatísticas permitem avaliar que em 2050 a população mundial atingirá um contingente de 6 bilhões de pessoas, metade delas morando em cidades. Atualmente as cidades já abrigam os maiores consumidores de energia e contribuem de forma hegemônica para a má qualidade do ar e para o efeito estufa. Atividades urbanas são responsáveis por 80% de todo o CO_2 emitido: emissões por veículos e equipamentos urbanos de transportes crescem 25% por ano; indústrias são responsáveis por 43% das emissões, sem falar do consumo de energia dos grandes edifícios.

Além destes aspectos, os impactos da globalização colocam os objetivos de desenvolvimento em um campo contencioso: embora estimule o crescimento econômico, os custos e benefícios deste crescimento não são equitativamente distribuídos. Em muitos países, os recursos têm diminuído, os custos de moradia têm se elevado, assim como o número de moradores vivendo em condições de pobreza, especialmente no meio urbano.

Consta também desse balanço, rol comparativo das maiores cidades entre 1975 e 2005, que demonstra o papel inusitado da atratividade demográfica e a força das dinâmicas econômicas globalizadas que redefinem locais de produção, impulsionam o movimento rural-urbano e deslocam a busca de oportunidades de trabalho.

Constata-se igualmente que o crescimento exponencial da população urbana no mundo é acompanhado de um movimento ascendente de população em condições precárias de habitação, a despeito dos esforços internacionais expressos por Conferências, Fóruns Habitat e outras instituições igualmente importantes na busca de melhores condições de vida urbana.

Por isso, de um lado, as cidades representam locais de oportunidades e de crescimento e, de outro, de acelerado crescimento das populações urbanas. Os países em desenvolvimento têm ainda a agravante de se defrontar com recursos decrescentes para acompanhar este rápido processo de urbanização.

Evidenciam-se enormes déficits habitacionais, infraestruturas e serviços deficientes, e deterioração das condições ambientais. Para os países em desenvolvimento, as estratégias e políticas de assentamento devem focar mudanças na dimensão territorial da pobreza. Nestes países, urbanização e pobreza se expressam na proliferação de favelas, cortiços e assentamentos informais.

No caso da América Latina, é evidente a situação de forte incremento do déficit habitacional resultante de processos combinados de acelerada urbanização, ajustes macroeconômicos e recessão. Ao final do século 20, já se destacavam déficits de 3 milhões de habitações na Argentina, 5,2 milhões no Brasil e 1 milhão no Peru.

Os dados informam ainda que nos países em desenvolvimento, 43% da população urbana encontra-se em favelas, com destaque para a região africana subsaariana (71,9%). Na América Latina e no Caribe, o valor correspondente é de 31,9%. Acrescenta-se a este fenômeno a existência de cerca de 100 milhões de sem-teto no mundo (dados de 2003), o que coloca em xeque as premissas estabelecidas pela Declaração Universal dos Direitos Humanos. Este fato reflete as relações das políticas com os paradigmas de desenvolvimento predominantes.

Na década de 1980 e no início dos anos 1990 o Banco Mundial impôs programas de ajustes estruturais aos países em desenvolvimento, o que determinou impactos adversos sobre o emprego, os preços alimentícios e os custos de habitação, afetando a possibilidade de atendimento dos princípios da Agenda Habitat. A maior parte dos países em desenvolvimento passou por situações semelhantes, com baixa capacidade de atendimento de demandas habitacionais.

Conclusões do UN-Habitat apontam que, até 1991, os programas de assentamentos foram dispersos, ineficientes, inacessíveis, inadequados e fragmentados, e que, durante os anos 1990 – apesar de muitos países terem feito um substancial progresso, redefinindo objetivos e estratégias nacionais de acordo com os princípios do UN-Habitat e, em alguns casos, incluindo as organizações não governamentais e o setor privado –, deixaram de detalhar planos de ação, metas e recursos, e instrumentos de monitoramento.

A desequilibrada ocupação do espaço urbano é um problema cuja maior visibilidade encontra-se nos grandes centros urbanos em função do desemprego, da informalidade, da pobreza, da ausência de infraestrutura e da degradação ambiental.

Se na contemporaneidade as cidades representam o lugar central das atividades econômicas relevantes e são, portanto, essenciais na alteração dos padrões de relações sociais, torna-se necessário enfatizar esse papel. Os fóruns Habitat, como vêm ocorrendo desde a década de 1970, ou a sequência dos Fóruns Urbanos Mundiais, têm mostrado ser um âmbito profícuo para tratar dessas questões, que ainda vão merecer muita atenção. Em um contexto histórico de aceleradas mudanças paradigmáticas, que deslocam o papel desenvolvimentista do Estado nacional para outras premissas alocadas em formas de governança participativa e sustentabilidade urbana, o UN-Habitat tem se mantido como um grande receptáculo de ideias. Nem sempre convergentes, elas tratam das possibilidades de transformação social diante dos impactos gerados pela globalização da economia, priorizando canais de facilitação e instrumentação para práticas inovadoras. Coerente com a diversidade e flexibilidade dos enfoques, e com o caráter desigual dos problemas urbanos no conjunto dos países-membros, o UN-Habitat reconhece a impossibilidade de elaboração de modelos unívocos, invocando a disposição participativa e alternativas adaptadas às condições locais.

notas / bibliografia

Introdução

1. ANTONUCCI, Denise; ALVIM, Angélica A. Tanus Benatti; ZIONI, Silvana; KATO, Regina Costa. *30 anos de Habitat e as transformações da urbanização. Relatório final de pesquisa*. Mimeografado. São Paulo, Mackpesquisa, 2008.

Capítulo 1

1. Cf. UOL EDUCAÇÃO. Liga das Nações. Primeira organização a lutar pela paz internacional. São Paulo, UOL, s/d.
2. Cf. ONU no Brasil.
3. ONU. *Carta das Nações Unidas*.
4. O artigo 104 da Carta estipula: "a Organização gozará no território de cada um de seus membros da capacidade jurídica necessária ao exercício de suas funções e à realização de seus propósitos". Idem, ibidem.
5. MAGNOLI, Demétrio. A ONU e o sistema internacional. In RODRIGUES, Thiago; ROMÃO, Wagner de Melo (org.). *ONU no século XXI: perspectivas*, p. 92.
6. Idem, ibidem, p. 93.
7. Idem, ibidem.
8. FELDBERG, Samuel. ONU 60 anos: considerações sobre seu poder. In RODRIGUES, Thiago; ROMÃO, Wagner de Melo (org.). Op. cit.
9. Cf. MAGNOLI, Demétrio. Op. cit., p. 92.
10. FELDBERG, Samuel. Op. cit., p. 104.
11. Idem, ibidem.
12. CASELLA, Paulo Borba. ONU pós-Kelsen. In MERCADANTE, Araminta; MAGALHÃES, José Carlos (org.). *Reflexões sobre os 60 anos da ONU*, p. 15.

13. Idem, ibidem, p. 111.
14. MERCADANTE, Araminta; MAGALHÃES, José Carlos (org.). Op. cit.
15. WILHEIM, Jorge. *O caminho de Istambul. Memórias de uma conferência da ONU*, p. 37.
16. Idem, ibidem, p. 38.
17. OBERLANDER, H. Peter. Living History – A Personal Look at the Conferences and Resolutions that Led to the Creation of UN-Habitat.
18. MEADOWS, Dennis L. et al. *Limites do crescimento*.
19. OBERLANDER, H. Peter. Op. cit., p. 4. Tradução livre.
20. Idem, ibidem.
21. Idem, ibidem. Loc. cit.
22. Idem, ibidem.
23. OBERLANDER, H. Peter. Op. cit.
24. Entrevista concedida pelo arquiteto Jorge Wilheim em dezembro de 2007.
25. CARMO, Silvia de Castro Bacelar. *Câmara e Agenda 21 Regional: para uma rede de cidades sustentáveis – a região metropolitana da baixada santista*.
26. FERNANDES, Edésio; FUENTES, Marlene; SEWELL, John. *An Evaluation of UN-Habitat's Campaigns for Secure Tenure and Urban Governance*.
27. Resolução aprovada pela Assembleia Geral n. 56/206. "Fortalecimiento del mandato y la condición de la Comisión de Asentamientos Humanos y de la condición, el papel y las funciones del Centro de las Naciones Unidas para los Asentamientos Humanos (Hábitat) Programa de las Naciones Unidas para los Asentamientos Humanos: Decide que, a partir del 1° de enero de 2002, la Comisión de Asentamientos Humanos y su secretaría, el Centro de las Naciones Unidas para los Asentamientos Humanos (Hábitat), incluida la Fundación de las Naciones Unidas para el Hábitat y los Asentamientos Humanos, pase a ser el Programa de las Naciones Unidas para los Asentamientos Humanos." OBERLANDER, H. Peter. Op. cit., p. 5. Tradução livre.

28. ROLNIK, Raquel; SAULE Jr., Nelson. Habitat II – assentamentos humanos como tema global. In BONDUKI, Nabil (org.). *Habitat: as práticas bem-sucedidas em habitação, meio ambiente e gestão urbana nas cidades brasileiras*, p.15.

Capítulo 2

1. FERNANDES, Marlene (org.). Agenda Habitat para municípios.
2. BIAU, Daniel. Vancouver 1976 – Back to the Future, p. 16. Tradução livre.
3. Idem, ibidem.
4. Idem, ibidem.
5. UNCHS. *Vancouver Declaration on Human Settlements*, p. 2. Tradução livre.
6. BIAU, Daniel. Op. cit., p. 16. Tradução livre.
7. UNCHS. Op. cit., p. 2-3. Tradução livre.
8. Idem, ibidem, p. 3-4. Tradução livre.
9. BIAU, Daniel. Op. cit., p. 16. Tradução livre.
10. UNCHS. Op. cit. Apud CAIADO, Aurílio. Informe sobre a Conferência Habitat II. In Cidades: estratégicas e gerenciais, p. 114.
11. BIAU, Daniel. Op. cit.
12. Apud idem, ibidem, loc. cit. Tradução livre.
13. The UN and Property Rights <www.sovereignty.net/p/land/unproprts.htm>.
14. UNCHS. Op. cit. p. 28-30. Tradução livre.
15. Apud BIAU, Daniel. Op. cit., p. 16.
16. Idem, ibidem, p. 16-17.
17. LORENZETTI, Maria S. B. A questão habitacional no Brasil. Consultoria Legislativa da Câmara dos Deputados: Brasília, 2001. Apud CARMO, Silvia de Castro Bacelar. Op. cit., n. p.
18. MORENO, Eduardo López; WARAH, Rasna. Thirty Years of the Urban Agenda (1976-2006): What Has Been Achieved?
19. CARMO, Silvia de Castro Bacelar. Op. cit., n. p.
20. BIAU, Daniel. Op. cit., p. 16-17.
21. CAIADO, Aurílio. Op. cit., p. 115.
22. SEAFORTH, Wandia. Istambul + 5: La Opinión de La Red "Viviendo y construyendo" a cinco años da La Conferencia Hábitat II.

23. BIAU, Daniel. Op. cit.
24. Idem, ibidem.
25. SEAFORTH, Wandia. Op. cit.
26. WILHEIM, Jorge. Op. cit., p. 219.
27. UNCHS. *Putting the Urban Poor on the Map – An Informal Settlement Upgrading Methodology Supported by Information Technology*.
28. Este relatório não foi publicado na íntegra, conforme depoimento de sua relatora Marlene Fernandes, em entrevista em novembro de 2007.
29. CHAFFUN, Nelson. Dinâmica global e desafio urbano. In BONDUKI, Nabil. *Habitat: as práticas bem-sucedidas em habitação, meio ambiente e gestão urbana em cidades brasileiras*.
30. UN-HABITAT. *Istanbul Declaration on Human Settlements. The Habitat Agenda*, UN-Habitat, 1996.
31. Entrevista realizada em São Paulo em outubro de 2007.
32. Idem, ibidem.
33. Idem, ibidem.
34. UN-HABITAT. *Istanbul Declaration on Human Settlements. The Habitat Agenda* (op. cit.), p. 1. Tradução livre.
35. Idem, ibidem.
36. Idem, ibidem.
37. Idem, ibidem.
38. Idem, ibidem.
39. MARICATO, Ermínia. Editorial.
40. PEREZ PINEYRO, Maria Pilar. Habitat II.
41. SAULE Jr., Nelson. *Na rota para Istambul – Habitat II – PREPCOM*.
42. ROLNIK, Raquel. Cidades: o Brasil e o Habitat II.
43. WILHEIM, Jorge. Op. cit., apêndice V.
44. FERNANDES, Marlene (org.). Op. cit.
45. Ver Capítulo 28: Iniciativas das autoridades locais em apoio à Agenda 21. UNCED Agenda 21 Earth Summit. The United Nations Programme of Action from Rio.
46. SAULE Jr., Nelson. Op. cit.

Capítulo 3

1. UN-HABITAT. *Istanbul Declaration on Human Settlements. The Habitat Agenda.*
2. Idem, ibidem.
3. UN-HABITAT. *Istanbul Declaration on Human Settlements* (op. cit.), p. 26. Tradução livre.
4. UN-HABITAT. Guide to Monitoring Target 11: Improving the Lives of 100 Million Slum Dwellers, p. 6. Tradução livre.
5. Cabe salientar que o Alvo 11, onde se estabelecem resultados quantitativos na melhoria das condições de vida das populações faveladas, é também conhecido como Cities without Slums, uma vez que incorpora o documento elaborado em 1999, no âmbito da Cities Alliance.
6. UN-HABITAT. Guide to Monitoring Target 11: Improving the Lives of 100 Million Slum Dwellers (op. cit.), p. 6. Tradução livre.
7. Idem, ibidem, p. 6. Tradução livre.
8. Este campo de atuação se insere no Projeto Milênio, dirigido por Jeffrey Sachs, professor da Universidade de Colúmbia, que atua também como conselheiro especial do UN-Habitat.
9. Existem hoje três escritórios regionais, estabelecidos na década de 1990 – no Rio de Janeiro (1996), em Fukuoka (1997) e em Nairóbi (1998) –, atuando com recursos financeiros do UN-Habitat.
10. Com longa tradição no levantamento e análise de indicadores urbanos desde 1993, o GUO contribuiu para a elaboração dos documentos da Conferência de Istambul, de 1996, fornecendo informações sobre a situação de 250 cidades. Estas informações foram também utilizadas como base para a formulação de diversos programas, entre eles o Housing Indicators Programme, iniciado em 1998 em parceria com o Banco Mundial e que se encontra atualmente na terceira fase, levantando indicadores em 270 cidades. Ver UN-HABITAT. UN-Habitat's Strategy for the Implementation of the Millennium Development, Goal 7, Target 11.

Capítulo 4

1. A Assembleia Geral das Nações Unidas endossa, por meio da Resolução 56/205, de 21 de dezembro de 2001, o documen-

to *Declaration on Cities and Other Human Settlements in the New Millennium*, adotado pela sessão especial de junho de 2001 – Istambul + 5. A Resolução 56/206, de fevereiro de 2002, refere-se à transformação do Centro das Nações Unidas para os Assentamentos Humanos – UNCHS em Programa das Nações Unidas para os Assentamentos Humanos – UN-Habitat.

2. A análise dos conteúdos e debates deste evento baseia-se no documento: UN-HABITAT. Report of the First Session of the World Urban Forum.

3. Este documento foi apresentado por Raquel Rolnik, com leitura de texto baseado em publicações diversas de autorias de Edésio Fernandes, Grazia de Grazia, Raquel Rolnik e Nelson Saule Jr. e publicado em INSTITUTO PÓLIS. Statute of the City: The Collective Construction of Innovative Legislation.

4. Prefeito do município paulista, morto em janeiro de 2002, que havia participado e desenvolvido vários programas de iniciativa do Habitat.

5. UN-HABITAT. Report of the First Session of the World Urban Forum (op. cit.), p. 8. Tradução livre.

6. Idem, ibidem, p. 10. Tradução livre.

7. Idem, ibidem, p. 11. Tradução livre.

8. Idem, ibidem, p. 12. Tradução livre.

9. Idem, ibidem, p. 28. Tradução livre.

10. A análise dos conteúdos e debates deste evento baseia-se no documento UN-HABITAT. Report of the Second Session of the World Urban Forum. Tradução livre.

11. Idem, ibidem, p.12. Tradução livre.

12. Idem, ibidem, p.12. Tradução livre.

13. Idem, ibidem, p. 19. Tradução livre.

14. Idem, ibidem, p. 23. Tradução livre.

15. Idem, ibidem, p. 34. Tradução livre.

16. Exemplos destas possibilidades são dados pelos programas Cities for Climate Protection, envolvendo mais de quinhentas cidades no mundo, New Partnership for Africa's Development (NEPAD) e Sustainable Cities Programme.

17. Idem, ibidem, p. 38. Tradução livre.

18. O grau de relevância deste diálogo pode ser inferido pelas características dos participantes, todos eles representantes de importantes instituições multilaterais ou de regiões onde estas questões são eminentes como a UN-ISDR – International Strategy for Disaster Reduction; UN-OCHOA – Inter-Agency International Displacement Division; Disaster Mitigation Institute.

19. Ver FERNANDES, Marlene (org.). Agenda Habitat para Municípios.

20. MORENO, Eduardo López; WARAH, Rasna. Thirty Years of the Urban Agenda (1976-2006): What Has Been Achieved?

21. UN-Habitat. Report of the Third Session of the World Urban Forum, p. 7. Tradução livre.

22. Idem, ibidem, p. 8. Tradução livre.

23. Idem, ibidem, p. 21. Tradução livre.

24. Vide o documento: COMISSÃO E GRUPO DE PERITOS SOBRE O AMBIENTE URBANO. Cidades europeias sustentáveis (relatório).

25. COSTA, Heloisa S. de Moura. Desenvolvimento urbano sustentável: uma contradição de termos?

26. COMPANS, Rose. Cidades sustentáveis, cidades globais. Antagonismo ou complementaridade?, p. 130.

27. MARICATO, Ermínia. Editorial.

Conclusões

1. WERNA, Edmundo. As políticas urbanas das agências multilaterais de cooperação internacional para países em desenvolvimento, p. 12.

2. Idem, ibidem, p. 13.

3. UN-Habitat. *Enabling Shelter Strategies – Review of Experience from Two Decades of Implementation*.

4. *Enabling Shelter Strategies* constitui uma proposta elaborada logo após a Conferência Habitat de 1976 e foi introduzida e articulada no contexto da Global Strategy for Shelter to the Year 2000 – GSS e da Agenda Habitat.

Bibliografia

ANTONUCCI, Denise; ALVIM, Angélica A. Tanus Benatti; ZIONI, Silvana; KATO, Regina Costa. *30 anos de Habitat e as transformações da urbanização. Relatório final de pesquisa*. Mimeografado. São Paulo, Mackpesquisa, 2008.

BIAU, Daniel. Vancouver 1976 – Back to the Future. *Habitat Debate*, vol. 12, n. 2 (30 + Dreams and Reality – Vancouver Special Edition). UN-Habitat: Nairóbi, jun. 2006, p. 16-17.

CAIADO, Aurílio. Informe sobre a Conferência Habitat II. In Cidades: estratégicas e gerenciais. *Espaço e Debates*, n. 39, São Paulo, Neru, 1996, p. 114-116.

CARMO, Silvia de Castro Bacelar. *Câmara e Agenda 21 regional: para uma rede de cidades sustentáveis – a região metropolitana da baixada santista*. Dissertação de mestrado. São Carlos, Universidade Federal de São Carlos/Centro de Ciências Exatas e de Tecnologia/Programa de Pós-Graduação e Engenharia Urbana, 2004 <www.novomilenio.inf.br/baixada/bs001c1.htm#v3>.

CASELLA, Paulo Borba. ONU pós-Kelsen. In MERCADANTE, Araminta; MAGALHÃES, José Carlos (org.). *Reflexões sobre os 60 anos da ONU*. Ijuí, Ijuí, 2005, p. 13-64.

CHAFFUN, Nelson. Dinâmica global e desafio urbano. In BONDUKI, Nabil (org.). *Habitat: as práticas bem-sucedidas em habitação, meio ambiente e gestão urbana nas cidades brasileiras*. São Paulo, Studio Nobel, 1996, p. 18-37.

COMISSÃO E GRUPO DE PERITOS SOBRE O AMBIENTE URBANO. Cidades europeias sustentáveis (relatório). Bruxelas, *Comissão Europeia*, mar. 1996 <http://ec.europa.eu/environment/urban/pdf/rport-pt.pdf>.

COMPANS, Rose. Cidades sustentáveis, cidades globais. Antagonismo ou complementaridade? In ACSELRAD, Henri (org.). *A duração das cidades – sustentabilidade e risco nas políticas urbanas*. Rio de Janeiro, DP&A, 2001, p. 105-137.

COSTA, Heloisa S. de Moura. Desenvolvimento urbano sustentável: uma contradição de termos? *Revista Brasileira de Estudos Urbanos e Regionais*, ano 1, n. 2. Recife, Associação Nacional de

Pós-Graduação e Pesquisa em Planejamento Urbano e Regional, 1999, p. 55-71.

FELDBERG, Samuel. ONU 60 anos: considerações sobre seu poder. In RODRIGUES, Thiago; ROMÃO, Wagner de Melo (org.). *ONU no século XXI: perspectivas*. São Paulo, Desatino, 2006, p. 101-114.

FERNANDES, Edésio; FUENTES, Marlene; SEWELL, John. An Evaluation of UN-Habitat's Campaigns for Secure Tenure and Urban Governance, 2005 <www.unhabitat.org/content.asp?cid=2200&catid=491&typeid=3&subMenuId=0&AllContent=1>.

FERNANDES, Marlene (org.). Agenda Habitat para municípios. Rio de Janeiro, IBAM, 2003 <www.ibam.org.br/publique/media/AgendaHabitat.pdf>.

INSTITUTO PÓLIS. Statute of the City: the Collective Construction of Innovative Legislation. In *The Statute of the City. New Tools for Assuring the Right to the City in Brasil*. São Paulo, Instituto Pólis, s/d, p. 9-15 <www.polis.org.br/obras/arquivo_163.pdf>.

MAGNOLI, Demétrio. A ONU e o sistema internacional. In RODRIGUES, Thiago; ROMÃO, Wagner de Melo (org.). *ONU no século XXI: perspectivas*. São Paulo, Desatino, 2006, p. 89-100.

MARICATO, Ermínia. Editorial. *Boletim da ANPUR*, n. 3, Associação Nacional de Pós-graduação e Pesquisa em Planejamento Urbano e Regional, Florianópolis, jul. 2006 <www.anpur.org.br/boletim/BOLETIM_DA_ANPUR_N%ba_3.pdf>.

MEADOWS, Dennis L. et al. *Limites do crescimento*. São Paulo, Perspectiva, 1973.

MERCADANTE, Araminta; MAGALHÃES, José Carlos (org.). *Reflexões sobre os 60 anos da ONU*. Ijuí, Ijuí, 2005.

MORENO, Eduardo López; WARAH, Rasna. Thirty Years of the Urban Agenda (1976-2006): What Has Been Achieved? *Habitat Debate*, vol. 12, n. 2 (30 + Dreams and Reality – Vancouver Special Edition). UN-Habitat: Nairóbi, jun. 2006, p. 6-7.

OBERLANDER, H. Peter. Living History – A Personal Look at the Conferences and Resolutions that Led to the Creation of UN-Habitat. *Habitat Debate*, vol. 12, n. 2 (30 + Dreams and Reality – Vancouver Special Edition). UN-Habitat: Nairóbi, jun. 2006, p. 4-5.

ONU no Brasil. <www.onu-brasil.org.br/conheca_hist.php>.

ONU. Carta das Nações Unidas. <www.un.org/spanish/Depts/dpi/portugues/charter/index.htm>.

PEREZ PINEYRO, Maria Pilar. Habitat II. *Boletim Óculum*, n. 1, Campinas, FAU PUC-Campinas, out. 1996, p. 2 <www.vitruvius.com.br/documento/oculum/boletim_oculum_01.pdf>.

ROLNIK, Raquel; SAULE Jr., Nelson. Habitat II – assentamentos humanos como tema global. In BONDUKI, Nabil (org.). *Habitat: as práticas bem-sucedidas em habitação, meio ambiente e gestão urbana nas cidades brasileiras*. São Paulo, Studio Nobel, 1996.

ROLNIK, Raquel. Cidades: o Brasil e o Habitat II. *Teoria e debate*. São Paulo, Fundação Perseu Abramo, set. 1996 <www2.fpa.org.br/portal/modules/news/article.php?storyid=2234>.

SAULE Jr., Nelson. *Na rota para Istambul – Habitat II – PREPCOM* (3ª Reunião Preparatória da Conferência das Nações Unidas sobre Assentamentos Humanos). São Paulo, Pólis, 1996.

SEAFORTH, Wandia. Istambul + 5: La Opinión de La Red "Viviendo Y Construyendo" a cinco años da La Conferencia Hábitat II. *Boletín del Instituto de La Vivienda*, vol. 17, n. 045, Santiago de Chile, Universidad de Chile, maio 2002, p. 98-197 <http://redalyc.uaemex.mx/redalyc/pdf/258/25804507.pdf>.

The UN and property rights. Disponível em <www.sovereignty.net/p/land/unproprts.htm>.

TIBAIJUKA, Anna. SP precisa criar estruturas de poder metropolitano, diz ONU (entrevista). *O Estado de S. Paulo*, Caderno Metrópole, 18 fev. 2008 <www.estadao.com.br/estadaodehoje/20080218/not_imp126254,0.php>.

UNCED. Agenda 21 Earth Summit. The United Nations Programme of Action from Rio. Disponível em <www.un.org/esa/dsd/agenda21/res_agenda21_00.shtml>.

UNCHS. *Putting the Urban Poor on the Map – An Informal Settlement Upgrading Methodology Supported by Information Technology*. Nairóbi, UNCHS, Land Management Series n. 11, 8/2000.

_____. *Vancouver Declaration on Human Settlements*. From the report of Habitat: United Nations Conference on Human Settlements,

Vancouver, Canadá, 31 maio – jun. 1976 <www.unhabitat.org/downloads/docs/924_21239_The_Vancouver_Declaration.pdf>.

UNFPA. *State of World Population 2007: Unleashing the Potential of Urban Growth*. Nova York, United Nations Population Foundation – UNFPA, 2007 <www.unhabitat.org/documents/media_centre/sowcr2006/SOWC%201%20Urbanisation-Español.pdf>.

UN-HABITAT. *An Urbanizing World – Global Report on Human Settlements 1996*. <www.unhabitat.org/pmss/getElectronicVersion.asp?nr=1650&alt=1>.

_____. *Cities in a Globalizing World – Global Report on Human Settlements – United Nations Centre for Human Settlements*. Londres, Earthscan Publication Ltd., 2001. Versão eletrônica <http://www.unhabitat.org/pmss/getElectronicVersion.asp?nr=1618&alt=1>.

_____. *Declaración sobre las ciudades y otros asentamientos humanos en el nuevo milenio*. Resolución aprobada por la Asamblea General. Nações Unidas,16 ago. 2001 <www.unhabitat.org/downloads/docs/2071_4646_A_RES_S25_2(S).doc>.

_____. *Enabling Shelter Strategies – Review of Experience from Two Decades of Implementation*. Nairóbi, United Nations Centre for Human Settlements, 2006 <www.chs.ubc.ca/archives/files/HS-785.pdf>.

_____. Global Report on Human Settlements 2007. Enhancing Urban Safety and Security. Nairóbi, United Nations Human Settlements, 2007 <www.unhabitat.org/pmss/getElectronicVersion.asp?nr=2432&alt=1>.

_____. Global Urban Observatory, Urban Indicators Programme, Phase III. In State of World's Cities 2006/7, The Millennium Development Goals and Urban Sustainability 30 years of shaping the Habitat Agenda. Nairóbi, United Nations Human Settlements, 2007.

_____. Guide to Monitoring Target 11: Improving the lives of 100 million slum dwellers (Progress towards the Millennium Development Goals), Nairóbi, United Nations Centre for Human Settlements, 2003. Versão eletrônica <www.unhabitat.org/pmss/getElectronicVersion.asp?nr=1930&alt=1>.

_____. Habitat Jam – 70 Actionable Ideas for the World Urban Forum 3, 2006 <http://sustainablecities.net/docman-resources/doc_download/71-habitat-jam-70-actionable-ideas>.

_____. *Istanbul Declaration on Human Settlements. The Habitat Agenda*. UN-Habitat, 1996 <www.unhabitat.org/downloads/docs/2072_61331_ist-dec.pdf>.

_____. List of Participants to the Third Session of the World Urban Forum. Vancouver, 19-23 jun. 2006 <www.unhabitat.org/downloads/docs/3405_48569_WUF3_participants.pdf>.

_____. Report of the First Session of the World Urban Forum. Nairóbi, United Nations Centre for Human Settlements, 29 abr. – 3 maio 2002 <www.unhabitat.org/downloads/docs/4075_58516_report.pdf>.

_____. Report of the Second Session of the World Urban Forum. Barcelona, 13-17 set. 2004 <www.unhabitat.org/downloads/docs/4076_88849_WUF2-FINAL_Report.pdf>.

_____. Report of the Third Session of the World Urban Forum. Vancouver, Canadá, 19-23 jun. 2006 <www.unhabitat.org/downloads/docs/3406_98924_WUF3-Report.pdf>.

_____. State of World's Cities 2006/7, The Millennium Development Goals and Urban Sustainability 30 years of shaping the Habitat Agenda. Nairóbi, United Nations Human Settlements, 2006.

_____. *The Habitat Agenda Goals and Principles, Commitments and the Global Plan of Action*. UN-Habitat, 2003 <www.unhabitat.org/downloads/docs/1176_6455_The_Habitat_Agenda.pdf>.

_____. UN-Habitat's Strategy for the Implementation of the Millennium Development Goal 7, Target 11. United Nations Human Settlements Programme. Nairóbi, UN-Habitat, 2005. Versão eletrônica <www.unhabitat.org/pmss/getElectronicVersion.asp?nr=1805&alt=1>.

UOL EDUCAÇÃO. Liga das Nações. Primeira organização a lutar pela paz internacional. São Paulo, UOL, s/d <http://educacao.uol.com.br/historia/liga-das-nacoes.jhtm>.

WERNA, Edmundo. As políticas urbanas das agências multilaterais de cooperação internacional para países em desenvolvimento. *Espaços & Debates*, n. 39, São Paulo, NERU, 1996, p. 12-14.

WILHEIM, Jorge. *O caminho de Istambul. Memórias de uma conferência da ONU*. Rio de Janeiro, Paz e Terra, 1998.
Web sites
<http://redalyc.uaemex.mx/redalyc/pdf/258/25804507.pdf>.
<www.comciencia.br>.
<www.edumed.net/Paginas/amazon/region-p.html>.
<www.ibam.org.br>.
<www.sovereignty.net/p/land/unproprts.htm>.
<www2.fpa.org.br/portal/modules/news/article>.

Coleção RG Bolso
01. Abilio Guerra (org.). *Textos fundamentais sobre história da arquitetura moderna brasileira. Parte 1.* Textos de Carlos Alberto Ferreira Martins, Carlos Eduardo Dias Comas, Lauro Cavalcanti, Luis Espallargas Gimenez, Margareth da Silva Pereira, Renato Anelli, Ruth Verde Zein, Silvana Barbosa Rubino e Sophia S. Telles.
02. Abilio Guerra (org.). *Textos fundamentais sobre história da arquitetura moderna brasileira. Parte 2.* Textos de Abilio Guerra, Carlos Alberto Ferreira Martins, Carlos Eduardo Dias Comas, Claudia Shmidt, Edson Mahfuz, Fernando Aliata, Hugo Segawa, Jorge Czajkowski, Jorge Francisco Liernur, Margareth da Silva Pereira, Maria Beatriz de Camargo Aranha, Nabil Bonduki, Otília Beatriz Fiori Arantes, Paul Meurs e Renato Anelli.
03. Abilio Guerra. *O primitivismo em Mário de Andrade, Oswald de Andrade e Raul Bopp. Origem e conformação no universo intelectual brasileiro.*
04. François Ascher. *Os novos princípios do urbanismo.*
05. Eduardo Subirats. *A existência sitiada.*
06. Angelo Bucci. *São Paulo, razões de arquitetura. Da dissolução dos edifícios e de como atravessar paredes.*
07. Denise Antonucci, Angélica Benatti Alvim, Silvana Zioni e Volia Costa Kato. *UN-Habitat: das declarações aos compromissos.*

Este livro foi composto em Fairfield LT Std e Whitney HTF. Impresso em papel Offset 75g.